U0512180

中国自由贸易试验区协同创新中心

自贸区研究系列

何骏 著

发展"五型经济"
提升上海全球创新资源
配置能力研究

以总部型经济为例

格致出版社 上海人民出版社

前　言

随着信息化和网络化快速发展，"五型经济"正以崭新的形态成为新阶段经济转型增长的重要动力，其与全球创新资源配置能力之间的联系将愈发紧密。本书以"五型经济"为切入口，通过对上海"五型经济"发展现状展开系统性研究，致力于推动发展"五型经济"，提升上海的全球创新资源配置能力。首先，本书对"五型经济"的内涵特征进行界定，对"五型经济"与全球创新资源配置能力之间的关系进行分析，奠定理论基础。其次，本书对全球"五型经济"的国内外典型案例进行剖析和对标研究，分析"五型经济"发展的最新趋势，提炼"五型经济"发展的基本规律和形态特征。再次，本书以提升全球创新资源配置能力为目标，提出上海发展"五型经济"的路径、模式、重点和平台等；以总部型经济提升上海全球创新资源配置能力为突破口进行研究，并提出总部型经济提升上海全球创新资源配置能力提升的路径。最后，提出上海发展"五型经济"提升全球创新资源配置能力的政策建议。

本书研究成果将为上海加快提升全球创新资源配置能力找到抓手，为中国探索经济新发展模式积累经验。通过发展"五型经济"构建国内大循环中心节点和国内国际双循环战略链接，可以助力上海进一步扩大开放、提升国际科创影响力和竞争力，更好融入和服务新发展格局。

本书由上海市发展和改革委员会公开选聘课题"上海'五型经济'的发展趋势、形态特征和典型案例研究"成果转化而来。

目　录

第1章
"五型经济"的内涵特征与
全球创新资源配置能力

1.1 "五型经济"的内涵特征

以数字和智能为内核的新一轮科技产业革命,从根本上颠覆产业的传统形态,也催生出许多新产业、新模式、新业态。在新一轮科技产业革命的推动下,传统产业边界被打破,体系和系统纷纷新建或重构,已经无法再用传统的产业概念来描述新的产业融合形态。在新冠疫情对全球经济的持续冲击和影响下,上海以"五型经济"为抓手推动城市高质量发展,面临重大时代机遇。一方面,中国正全面构建国内国际双循环发展格局,上海地处长三角、长江经济带和"一带一路"交汇处,有望成为国内大循环的节点城市和国内国际双循环的链接城市。国内大循环意味着各地要进行功能分工,具体到产业上就是需要改变过去各地自行融入全球产业链的方式,在国内构建完整且开放的产业链,在产业链上找到合适的位置;另一方面,受新冠疫情冲击,世界经贸发展格局正在加速重塑,上海面临提升全球城市能级和核心竞争力的国际契机。

在这样的背景下,由于产业形态和结构已经发生了重大变化,原有的话语体系已经不能准确指导未来。"五型经济"的提出,为上海未来产业发展指明了方向。根据上海的经济地位、资源禀赋,依托上海"五个中心"、强化"四大功能",上海未来应该大力发展"五型经济",具体包括:创新型经济、服务型经济、总部型经济、开放型经济和流量型经济。在经济发展新阶段,"五型经济"兼具创新、服务、开放、总部和流量的综合特征,在现代互联网、人工智能等技术发展背景下,通过对经济系统中的资金、人才、技术、信息、数据等资源要素进行整合、配置、运作,从而形成实际与虚拟相结合的跨时空跨区域的新型经济形态。

2021 年上海的国内生产总值(GDP)达到 4.32 万亿元,首次突破 4 万亿元大关。站上新起点、迈上新征程,上海正处于推进格局大调整、功能大提升、发展大跨越的关键时期,必须持续推进"量的积累",不断实现"质的飞跃",这是上海这座长三角龙头城市在融入和服务新发展格局背景下主动作为的必由之路。"五型经济"是上海作为超大城市所特有的经济形态,也是推动高质量发展的一道"必答题"。

1.1.1　国内外研究现状与趋势

"五型经济"是近年来在国内出现的一个概括性整体概念,把创新型经济、服务型经济、开放型经济、总部型经济、流量型经济作为一个经济整体进行探讨。目前,围绕"五型经济"展开的系统性研究较少,在一些主旨相近的国内外研究中,相关讨论主要集中在五个细分类型上,且呈现出国内多、国外少的特征。

国外关于"五型经济"的直接研究中尚未有系统性的讨论,多集中在与

"五型经济"相关的生产要素方面。在早期的研究中,区域经济发展中的劳动力迁移(Todaro,1969)、资本流动(Florida and Kenncy,1988)、技术扩散(Seck,2012)等生产要素曾引起广泛讨论,这些与经济发展相关的劳动力、资金和技术等生产要素加速了创新型经济、服务型经济、开放型经济、总部型经济和流量型经济的形成与发展,而"五型经济"的发展与演进也进一步影响了这些构成要素资源的流动和配置。以流量型经济为例,流量型经济通常集聚中心城市周围区域的信息流、资金流、技术流、人流、物质流,突出中心城市的"顶流地位"。流量型经济作为物流业的演进形态,是物流之"物"的内容扩展,与国外成熟的物流经济研究存在很大渊源。20 世纪 90 年代以来,物流与更广泛的资金、人才和信息等要素的整合,降低了物流成本,这一趋势与流量型经济的发展非常相似。

国内关于"五型经济"的研究尚处于探索阶段,其重点主要集中在两大脉络上:一是从概念、框架结构入手,积极探索"五型经济"细分类型的理论内涵体系;二是从"五型经济"细分类型的应用出发,提出如何发展的基本设想。

关于"五型经济"理论内涵的讨论多集中在其五个细分类型上,如周振华、韩汉君(2002)界定了流量型经济的理论体系,并认为流量型经济是城市未来发展的新模式;韩伯棠等(2003)基于区域发展空间结构问题联系,系统归纳了流量型经济的相关理论;史忠良、沈红兵(2005)对总部型经济形成机理和经济效应进行了深入探讨;而孙敬水、林晓伟(2016)等则对开放型经济的评价体系进行了研究与拓展;高菲等(2019)对中国创新型经济内涵及特征进行了剖析,阐释了创新型经济架构与运行模式。这些关于"五型经济"细分类型相关理论内涵的研究加深了对"五型经济"内涵的理解与认识。

随着经济全球化和国际分工深入发展,诸多学者也基于不同侧重点对发展"五型经济"提出了多样化的构想。如洪银兴(2011)从科技创新角度阐释了创新型经济发展的目标导向;江若尘等(2014)从上海自贸区机制、政策创新方面为化解上海总部型经济发展困境提供了方案依据;刘洪愧、刘霞辉(2019)指出,要发挥区域比较优势和资源禀赋,通过区域联动和合理分工促进中国开放型经济国际竞争力提升。此外,流量型经济的发展也备受关注,部分学者针对粤港澳大湾区如何打造现代流量型经济体系进行了构思。

梳理已有研究发现,目前关于"五型经济"特征及其应用的研究多集中在其五个细分类型方面。将"五型经济"视作一个新经济整体进行的研究尚且不多,存在较大拓展空间,具体体现在:(1)现有"五型经济"研究仍处于探索阶段,其形态特征有待进一步探讨,且尚未形成统一的权威评价测度体系;(2)在应用研究方面,"五型经济"与全球创新资源配置能力之间的联系愈发紧密,这一方面的研究目前几乎是空白,存在极大应用空间。鉴于此,本书以"五型经济"为抓手,对"五型经济"国内外典型案例进行剖析和对标研究;以提升上海全球创新资源配置能力为目标,提出发展"五型经济"的路径、模式、重点和平台等思路与举措;以总部型经济为例,对"五型经济"提升全球创新资源的突破口进行研究。

1.1.2　内涵特征

"五型经济"中的创新型经济、服务型经济、开放型经济、总部型经济和流量型经济符合共生理论中互惠共生系统的定义,它们之间相互融合、相互促进、相辅相成(见表1.1),概括了新时代上海经济活动的基本特征和形态,揭示了"我中有你、你中有我、你我共生"的形成机理,是经济全领域"五位一体"的互惠共生体系。

表 1.1　互惠共生行为模式的特征

互惠共生作用特征	1. 具有广普进化作用
	2. 具有单边、双边和多边交流
	3. 共生单元进化具有同步性

资料来源:作者自制。

"五型经济"是强化上海"四大功能"的重要抓手。这主要体现在:创新型经济凸显了创新动力和价值所在,有利于促进创新策源功能的实现;服务型经济构建高端化、专业化、普惠化的服务体系,助力高端产业引领功能的形成;总部型经济体现了产业链及其价值链的控制力和影响力,还体现了高端产业引领功能和全球资源配置功能;开放型经济彰显了经济发展的方式和格局,是构成开放枢纽门户功能的重要基础;流量型经济构建了大规模、多类型的要素流动通道,是强化全球资源配置功能的重要体现(见表 1.2)。

表 1.2　"五型经济"与强化"四大功能"的关系

"五型经济"	"四大功能"
创新型经济	创新策源功能
服务型经济	高端产业引领功能
总部型经济	高端产业引领功能;全球资源配置功能
开放型经济	开放枢纽门户功能
流量型经济	全球资源配置功能

资料来源:作者自制。

"五型经济"彰显了上海全面建成"五个中心"的资源禀赋(见表 1.3)。上海经济总量规模跻身全球城市第六位,现代产业体系基本形成;全球金融中心指数中,上海排名世界第三,发展开放型经济、服务型经济能更好地发挥和增强上海发达的资本与服务能力;上海在《新华·波罗的海国际航运中心发展指数》[①]

———————————————————

① 自 2014 年起,《新华·波罗的海国际航运中心发展指数报告》连续发布。

中排名世界第三,上海港集装箱吞吐量连续 12 年位居世界第一,为流量型经济、开放型经济等发展创造了得天独厚的对内对外联通条件;上海作为世界级口岸城市地位稳固,国际消费城市建设成效显著,"五型经济"与国际贸易中心能级互促发展;上海已经形成具有全球影响力的科创中心基本框架,具有国家级研发机构 85 家,已建成一批世界级大科学设施,在创新型经济等方面发展优势突出。

表 1.3 "五型经济"与建设"五大中心"

"五型经济"	"五个中心"
"五型经济"整体上促进	经济中心
	国际贸易中心
创新型经济重点促进	科技创新中心
开放型经济、服务型经济重点促进	金融中心
流量型经济、总部型经济重点促进	国际航运中心

资料来源:作者自制。

1.1.3 发展阶段

"五型经济"大致可以分为三个发展阶段,即以开放型经济和服务型经济为主导阶段、以流量型经济和总部型经济为主导阶段、以创新型经济为主导阶段(见表 1.4)。在以开放型经济和服务型经济为主导阶段,城市开始实行对外开放政策,产业结构不断升级,服务业占比也不断提升,形成开放型和服务型的主要特征。在以流量型经济和总部型经济为主导阶段,城市中的流量型经济越来越重要,各种要素流量出现大量集聚和辐射,与此同时,以全球跨国公司为代表的各类总部型经济出现大量集聚,全球资源配置能力大幅提升。以创新型经济为主导阶段是"五型经济"发展的最高阶段,在

表 1.4 "五型经济"发展阶段:范围扩张、发展能级和主导形态

"五型经济"范围扩张	阶段一:国内及周边国家发展阶段
	阶段二:全球发展阶段
"五型经济"发展能级	阶段一:起步阶段
	阶段二:提升阶段
"五型经济"主导形态	阶段一:以开放型经济和服务型经济为主导阶段
	阶段二:以流量型经济和总部型经济为主导阶段
	阶段三:以创新型经济为主导阶段

资料来源:作者自制。

此阶段,各类创新要素出现大量集聚,城市创新度和创新效率占据主流,各类创新层出不穷,经济出现以创新发展为引导的显著特征。

1.1.4 形态特征

以创新型经济、服务型经济、开放型经济、总部型经济和流量型经济组成的"五型经济"是国内外全球城市现代经济发展的典型形态。纵观国内外全球城市的发展,"五型经济"存在以下典型特征。

(1)高能级创新。顶级全球城市纽约、伦敦和东京的产业转型经验表明,全球城市经济动力已经由以传统制造业为主的投资驱动导向转变为以现代服务业为主的技术驱动导向,科技创新成为驱动城市社会经济发展的核心动力。由于现代服务业中占比较大的金融、保险、商业服务、信息产业等均属于知识密集型产业,而随着以数字和智能为内核的新一轮科技产业革命愈加白热化,与数字智能技术紧密结合的生命、新材料、新能源等产业正在迈上产业发展的主导舞台,这些都是以创新为支撑的具有引领策源功能和增长潜力的产业。随着创新创业和数字智能的进一步发展,未来不仅

会从根本上颠覆产业的传统形态,也会催生许多新产业、新模式、新业态。因此,"五型经济"是以高能级创新为内核的经济形态。

(2)服务业主导。全球城市的历史发展经验和产业演变规律表明,服务业在产业体系中逐步占据主导地位,尤其是生产性服务业正在成为全球城市现代产业体系的核心业态。如今,纽约、伦敦、东京和巴黎四大全球城市的产业结构中服务业占比均超过 80%,服务业发达,就会推动城市产业转型,促进生产性服务业快速发展,以银行、咨询、设计、广告等为代表的新兴服务业逐步取代传统服务业,成为第三产业的主体。高品质服务业的发展在一定程度上提升了城市的吸引力和竞争力,提升了高质量品牌价值和服务型经济能级。因此,"五型经济"是典型的以服务业为主导的经济形态。

(3)深度化开放。从全球城市开放开发历程可以判断,在经济全球化深入发展的今天,全球城市的经济格局是开放的、包容的。顶尖的全球城市,均是以自由畅通、优惠便利的制度开放为牵引,推动经贸、社会服务、文化、市场等领域开放、融合发展,从而促进要素、商品和服务自由跨境流动,通过全球网络连接通道,不断提升"引进来"的吸引力和"走出去"的竞争力,深度参与并融入全球产业链、价值链。比如,纽约、伦敦、东京等世界级城市,它们的产业高度开放,资金、人才、数据等要素流动自由,并且在制度层面拥有开放自由的营商环境和优惠便利的制度安排。因此,"五型经济"是以深度化开放为格局的经济形态。

(4)高集聚总部。从全球城市的竞争实力看,顶级的全球城市均是在某一领域或者多个领域居于全球支配中心位置。例如,纽约、伦敦和香港是世界公认的全球三大金融中心。此外,伦敦还是全球最大的银行、保险、期货和航运中心;北京拥有全球最多的世界 500 强企业,上海的口岸贸易全球第一等。这些全球城市在单个领域或者多领域高度集聚了全球企业或机构总部,成为全球某些领域掌控的网络"大脑"。全球城市凭借这些总部,在全球高端资源要素配置层面拥有绝对的支配地位。如今,各类总部已成为世界顶级城市现代经济发展的标配,因此,"五型经济"也是以总部高度集聚为辐射源的经济形态。

(5)高频率流动。"五型经济"涵盖了人流、物流、信息流、技术流和资金流的方方面面,全球顶级城市的发展规律显示,城市天生集聚流量,流量决定兴衰。从城市早期的海港到现代城市海港、空港、数字平台软硬并存,无一不在推动人流、物流、信息流和资金流等规模扩张、高频流动、高能增值,支撑着流量要素在世界范围内配置、重组。数字化时代的到来,将进一步加速流量要素在全球范围内流动、增能。城市作为流量汇聚与传播的枢纽,也是流量增值的综合载体。因此,新时代全球城市的"五型经济"同样是以流量要素高频率流动、配置和增能的经济形态。

1.1.5　发展趋势

(1)以创新驱动,以开放聚能,推动"五型经济"融合发展。依据国内外全球城市"五型经济"发展概况,"五型经济"的发展将会是以科技创新为内核动力,以扩大开放为聚能手段,推动总部高度集聚、服务能级提升及流量高频流动和增值。未来,"五型经济"在业态上将会以节能环保、新兴信息、生物、新能源、高端装备制造业等技术创新"新兴产业"为主导,以更加包容开放的营商环境和便利自由的制度环境为开放窗口,推动金融、信息、法律、咨询等高端生产性服务业和生活性服务业发展,不断吸引能够支配产业链、价值链等顶端的各类总部机构高度集聚,促进人流、物流、信息流、资金流等高端流量要素在全球范围内流动和配置,持续增能。

(2)以数字化布局,以智能化引领,促进"五型经济"向数字经济转型。随着人工智能、云计算、大数据等新一代信息技术的发展,城市服务化经济结构向数字化、智能化转型已是必然趋势,尤其是 2020 年以来新冠疫情对世界经济的冲击,加速了经济形态的数字化发展。数字化、智慧化发展不仅能大幅拉近全球城市距离,还会打破和重构行业边界。当前,信息网络技术加速创新,数字经济作为推动全球城市实体经济提质增效、重塑核心竞争力的重要举措,将是未来"五型经济"融合发展的升级形态。

(3) 以硬实力竞争,以软实力赋能,软硬实力结合提升"五型经济"竞争力。在全球化时代,软实力越来越成为全球城市综合实力的重要标识,全球城市的竞争力不仅体现在经济与社会发展成就等硬实力方面,还体现在优越文化、文明治理、法治规范等软实力方面,尤其是包容、独特的文化是城市软实力的重要力量来源。未来,以文化为代表的城市软实力,将会成为全球城市发展的内在灵魂,成为"五型经济"凝聚经济要素的"黏合剂"。当全球城市经济社会等硬实力差距不大的时候,软实力将决定城市的高度和影响力。

1.2 以"五型经济"提升全球创新资源配置能力

2021 年《上海市国民经济和社会发展第十四个五年规划和二〇三五年远景目标纲要(草案)》提出,全力强化"四大功能",持续增强城市综合实力和能级。这四大功能分别是:强化全球资源配置功能、强化科技创新策源功能、强化高端产业引领功能、强化开放枢纽门户功能。在"四大功能"中,全球资源配置功能和科技创新策源功能都与全球创新资源配置能力密切相关。全球创新资源配置能力既是全球资源配置功能的组成部分,也是科技创新策源功能的具体体现。换言之,全球创新资源配置能力就是企业投入创新活动各种要素的全球配置能力。

从外延上讲,企业技术创新所涉及的所有人力投入、物力投入和财力投入构成了全球创新资源配置能力的外延。

从内涵上看,全球创新资源配置能力体现在"主体、市场和规则"三个层面,即以企业为主体,按照市场化机制,使用国际通行规则,全球化配置创新要素。由于"五型经济"具有鲜明的时代特征,涵盖了全球创新资源配置的主要功能——主体(总部型经济和流量型经济成为全球创新资源配置的主体)、市场(开放型经济和服务型经济成为全球创新资源配置的方式)和规则(创新型经济引领国际通行规则)。在新冠疫情导致全球发展格局重塑背景下,上海应以"四大功能"为目标引领,通过"五型经济"提升上海的全球创新资源配置能力,打造成为国内大循环中心节点和国内国际双循环战略链接。

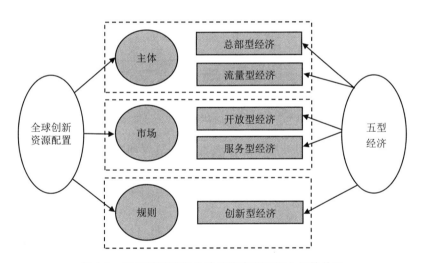

图 1.1 "五型经济"与全球创新资源配置之间的关系

资料来源:作者自制。

第 2 章
"五型经济"典型案例与对标研究

本章对"五型经济"的国内外典型案例进行剖析和对标研究,明确上海在国内外"五型经济"发展中所处的位置,为后续研究奠定基础。

2.1 "五型经济"的国际对标

对于闻名世界的全球城市而言,城市发展进程和历史规律显示,国际典型大都市在迈向全球城市过程中,大多在某一方面或者多个方面存在独特的发展优势,通过不断汇聚要素资源成为区域或全球的中心。鉴于目前国外没有"五型经济"的概念,本章依据全球权威报告排名,分别从综合实力、创新型经济、服务型经济、开放型经济、总部型经济和流量型经济等维度,对国际典型城市"五型经济"进行对比。

2.1.1 综合实力

《全球城市实力指数报告》①从经济、研究与开发、文化与交流、宜居性、环境、交通六个方面较为全面地展示了全球多个主要城市的吸引力。可以看出(见表 2.1),自 2016 年以来,伦敦、纽约、东京、巴黎和新加坡多年来在全球城市实力榜单综合排名上稳居前五,而伦敦、纽约、东京和巴黎是世界公认的四大全球城市。2022 年,在全球城市排名前 15 中,中国上榜的城市仅有上海,北京和香港的城市实力指数排名在 2017—2022 年间相对处于下降态势。总体而言,尽管上海作为中国在全球城市发展中的实力代表,近年来在经济、创新等各方面取得较快发展,但与世界前五全球城市还存在一定的差距。

表 2.1 全球城市实力指数排名前 15 及部分中国城市排名

排名	2017 年	2018 年	2019 年	2020 年	2021 年	2022 年
1	伦敦	伦敦	伦敦	伦敦	伦敦	伦敦
2	纽约	纽约	纽约	纽约	纽约	纽约
3	东京	东京	东京	东京	东京	东京
4	巴黎	巴黎	巴黎	巴黎	巴黎	巴黎
5	新加坡	新加坡	新加坡	新加坡	新加坡	新加坡
6	首尔	阿姆斯特丹	阿姆斯特丹	阿姆斯特丹	阿姆斯特丹	阿姆斯特丹
7	阿姆斯特丹	首尔	首尔	柏林	柏林	首尔

---

① 该报告由日本森纪念财团(Mori Memorial Foundation,MMF)旗下城市战略研究所发布,自 2008 年以来已发布多个版本,涉及经济、研究与开发、文化与交流、宜居性、环境、交通六大领域 70 多项指标。网址:https://mori-m-foundation.or.jp/english/ius2/gpci2/index.shtml。

续表

排名	2017 年	2018 年	2019 年	2020 年	2021 年	2022 年
8	柏林	柏林	柏林	首尔	首尔	柏林
9	香港	香港	香港	香港	马德里	墨尔本
10	悉尼	悉尼	悉尼	上海	上海	上海
11	洛杉矶	斯德哥尔摩	墨尔本	悉尼	墨尔本	迪拜
12	法兰克福	洛杉矶	洛杉矶	洛杉矶	悉尼	马德里
13	北京	旧金山	马德里	马德里	香港	悉尼
14	维也纳	多伦多	斯德哥尔摩	墨尔本	迪拜	哥本哈根
15	上海	法兰克福	苏黎世	北京	哥本哈根	维也纳
⋮	⋮	⋮	⋮	⋮	⋮	⋮
17					北京	北京
23		北京				香港
24			北京			
26		上海				
30			上海			

资料来源:森纪念财团城市战略研究所 2017—2022 年《全球城市实力指数报告》。

《全球城市指数报告》①也从商业活动、人力资源、信息交流、文化积累及政治参与等方面对世界上 100 多个主要城市竞争力进行比较。从表 2.2 可以看出,纽约、伦敦、巴黎和东京稳居全球城市指数榜单前四,而香港持续多年位居全球第五,直到 2020 年被北京超越,之后逐步下降至 2022 年的第 10名。对于中国城市来说,自 2008 年该报告发布以来,全球城市指数前 10 名中仅香港的排名较为稳定。2017 年以来,北京和上海的全球城市指数排名

---

① 该报告由科尔尼咨询公司联合国际顶级学者与智库机构发起,其首次发布于 2008 年,报告基于全球多个城市公开数据深入分析,旨在对全球各城市的国际竞争力与发展潜力进行系统评估。

均呈现波动上升态势,且北京于 2020 年首次超越香港进入前五,这也是该榜单多年来前五名首次出现更迭。北京排名上升主要源于社会稳定性、人力资本投入和创新创业水平高的共同作用。另外,在 2022 年的榜单中,在 29 个综合评价指标内有 21 个城市位列单项指标冠军,其中伦敦只有四个指标位列第一,纽约只有三个指标位列第一,这充分说明全球城市发展不可能在各方面都达到完美,需要结合实际找到自己的独特发展优势。尽管 2022 年入选的 156 个城市中,中国以 33 个成为全球城市入选最多的国家,城市综合实力不断提升,但目前而言还未能撼动伦敦、纽约、东京和巴黎全球四大城市的综合地位。

表 2.2　全球城市指数前 10 名及上海排名

排名	2017 年	2018 年	2019 年	2020 年	2021 年	2022 年
1	纽约	纽约	纽约	纽约	纽约	纽约
2	伦敦	伦敦	伦敦	伦敦	伦敦	伦敦
3	巴黎	巴黎	巴黎	巴黎	巴黎	巴黎
4	东京	东京	东京	东京	东京	东京
5	香港	香港	香港	北京	洛杉矶	北京
6	新加坡	洛杉矶	新加坡	香港	北京	洛杉矶
7	芝加哥	新加坡	洛杉矶	洛杉矶	香港	芝加哥
8	洛杉矶	芝加哥	芝加哥	芝加哥	芝加哥	墨尔本
9	北京	北京	北京	新加坡	新加坡	新加坡
10	华盛顿特区	布鲁塞尔	华盛顿特区	华盛顿特区	上海	香港
⋮	⋮	⋮	⋮	⋮	⋮	⋮
12				上海		
16						上海
19	上海	上海	上海			

资料来源:科尔尼管理咨询公司 2017—2022 年《全球城市指数报告》。

城市品牌价值方面,全球城市实验室(Global City Lab)从经济能力、文化旅游、行政管理、居住生活、城市声誉和人才创新方面计算了城市的品牌价值并发布《全球城市 500 强》榜单。与《全球城市实力指数报告》和《全球城市指数》报告相比,该榜单注重城市品牌,更能体现出城市在发展过程中传达给大众的形象、社会认可,以及基于城市的文化底蕴、地理环境、资源和产业优势等要素提炼出来的综合竞争力。图 2.1 显示了 2020 年、2021 年全球城市 500 强中前 15 名城市的品牌价值和排名。可以看出,纽约、伦敦、东京和巴黎的城市品牌价值居于全球前四位,其中,纽约市的品牌价值在 2020 年和 2021 年均超过 2 万亿美元。在前 15 名全球城市中,中国有上海、香港和北京三个城市上榜,2020 年分别排在第 9、第 10、第 13 名,除上海的排名较 2020 年上升两名外,香港和北京的排名均无变化。对中国城市而言,2021 年有上海和香港两个城市进入前 10 名,比 2020 年仅有香港进入全球城市前 10 名有所进步,这也凸显了上海在城市品牌价值方面所取得的进步。然而,相较品牌价值 1 万亿美元以上的前六大城市,中国的三个城市的品牌价值均未突破 1 万亿美元,差距较为明显。

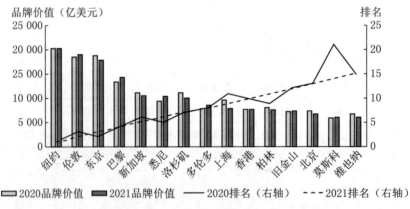

图 2.1　全球城市品牌价值及 500 强排名前 15 名的城市

资料来源:全球城市实验室,http://globalcitylab.com/city500brand/2021/brand/brand.htm。

2.1.2 创新型经济

创新型经济引领国际通行规则,在全球创新资源配置中起到规则引领作用。

创新型经济重在创新人才,通过科技创新主体对创新资源的整合、配置和运作,以达到促进地区创新发展目的。2022 年《全球创业创新系统报告》①显示(见表 2.3),创业生态系统综合表现最佳的十个全球城市中,硅谷、纽约、伦敦、北京和波士顿位居全球最佳创业生态城市前五名,上海排在第八位。2019—2022 年间,全球创业创新生态系统综合排名前八的城市中除个别城市排名波动变化外,城市名单并未发生变更。就中国城市而言,具体到《全球创业创新系统报告》的业绩、资金、连通性、市场覆盖、知识和人才等维度,上海和北京在创业创新生态系统中均存在连通性不足问题,跟硅谷、伦敦相比还存在较大差距,但在知识得分方面存在一定优势。2020 年,许多新兴企业遇到需求疲软、供应链中断和投资者资金流紧张等困难,全球超过 40% 的初创公司在现金方面都处于资金困难"红色区域",导致各大经济体创新型经济发展受阻。

表 2.3　全球创业创新系统报告前 10 名

排名	2019 年	2020 年	2021 年	2022 年	业绩得分	资金得分	连通性得分	市场覆盖得分	知识得分	人才得分
1	硅谷	硅谷	硅谷	硅谷	10	10	10	10	10	10
2	纽约	纽约	纽约	纽约	10	10	9	10	5	10
3	伦敦	伦敦	伦敦	伦敦	9	10	10	10	6	10

① 自 2012 年以来,全球知名调查机构 Startup Genome 持续追踪全球创业生态系统的发展,该公司的报告根据资金、业绩、人才、连通性市场覆盖和知识等指标对顶级生态系统进行排名。

续表

排名	2019 年	2020 年	2021 年	2022 年	业绩得分	资金得分	连通性得分	市场覆盖得分	知识得分	人才得分
4	北京	北京	北京	波士顿	10	9	8	9	7	9
5	波士顿	波士顿	波士顿	**北京**	**10**	**8**	**3**	**9**	**10**	**10**
6	特拉维夫	特拉维夫	洛杉矶	洛杉矶	9	10	7	9	7	9
7	洛杉矶	洛杉矶	特拉维夫	特拉维夫	9	8	10	10	6	8
8	**上海**	**上海**	**上海**	**上海**	**9**	**6**	**1**	**9**	**10**	**9**
9	巴黎	西雅图	东京	西雅图	8	7	6	8	8	8
10	柏林	斯德哥尔摩	西雅图	首尔	7	9	7	5	8	7

资料来源:全球知名调查机构 Startup Genome。表中业绩、资金、连通性、市场覆盖和知识和人才六个维度为 2022 年数据。

引领策源功能是全球城市赋能创新型经济发展的重要竞争力。英国《自然》增刊《2022 年自然指数—科研城市》对全球主要城市/都市圈在自然指数追踪的 82 种自然科学期刊中的科研产出进行了分析。结果显示,2021 年前 10 名城市/都市圈中,中国有北京、上海、南京和广州四个城市上榜(见图 2.2)。在前 100 名强科研城市中,中国共有 25 个城市入选,北京连续六年在世界领先的科研城市中居首位。

上信智库《全球科技创新中心评估报告 2022》也对全球主要创新城市或都市圈从基础研究、产业技术、创新经济、创新环境四大方面进行了科技创新综合评价。结果显示(见表 2.4),从全球看,2022 年全球科创中心城市综合排名的四强城市地位稳固,依次是纽约—纽瓦克、旧金山—圣何塞、伦敦、东京。其中,北京的排名超越巴黎,两地分别居于第五位和第六位。在地理区位上,全球主要科技创新中心城市的科技创新情况呈现"美亚欧"三足鼎立态势,尤其是亚洲呈现加速追赶之势。综合排名前 20 强中,亚洲城市有八座,且大部分名次较 2018 年有所提升;六座美国城市多分布于东西海岸;

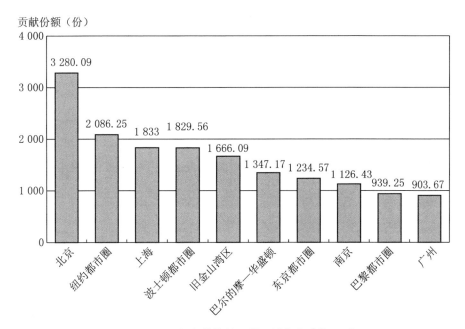

图 2.2 2021 年自然指数—科研城市全球前 10 名

资料来源：《2022 年自然指数—科研城市》，https://www.ncsti.gov.cn/kcfw/kchzhsh/2022zrzhshkychsh/index.html。

五座欧洲城市则散布在英国、法国、德国、荷兰和瑞士等传统科创强国。上海的综合排名较 2018 年上升九位，目前位列全球第八名，充分反映出上海科创中心建设以及在创新型经济方面取得的显著进展。

表 2.4 2018—2022 年全球科技创新中心城市综合排名前 20

城　　市	2018 年	2019 年	2020 年	2021 年	2022 年
纽约—纽瓦克	2	2	2	1	1
旧金山—圣何塞	1	1	1	2	2
伦敦	3	3	3	3	3
东京	6	7	6	4	4
北京	9	10	7	6	5
巴黎	4	4	4	5	6

续表

城　　市	2018 年	2019 年	2020 年	2021 年	2022 年
波士顿	5	5	5	7	7
上海	17	16	12	9	8
芝加哥	8	8	9	10	9
洛杉矶—圣安娜—阿纳海姆	7	6	8	8	10
香港	18	12	15	20	11
首尔—仁川	15	13	17	12	12
深圳	33	25	27	18	13
华盛顿	11	9	11	14	14
阿姆斯特丹—海牙—鹿特丹	12	14	13	13	15
京都—大阪—神户	19	28	25	17	16
新加坡	13	17	19	15	17
苏黎世—巴塞尔	10	11	10	11	18
悉尼	27	29	22	21	19
柏林	28	23	20	19	20

资料来源:《全球科技创新中心评估报告 2022》。

　　2022 年上海科学技术情报研究所等单位联合科睿唯安共同发布的《2022 国际大都市科技创新能力评价》报告显示(见表 2.5),在前 10 位城市中,美国有剑桥、波士顿、纽约上榜,中国有北京、深圳、上海和南京上榜,其余两个城市分别为日本东京和英国伦敦。在前 10 位的城市中,北京连续四年位列榜首,剑桥(美国)和深圳位列第二位和第三位,上海的排名由 2019年的第 13 位大幅提升至 2022 年第六位,而新加坡则在 2019 年后重新回到全球十大科创城市行列,这显示出新加坡在当前复杂国际形势下,在提升科创实力方面取得有力成效。作为新加坡的竞争者,中国香港则跌出全球十

表 2.5 2022 年国际大都市科技创新能力综合排名前 10

城 市	综合排名	创新趋势排名	创新热点排名	创新质量排名	创新主体排名	创新合力排名
北京	1	2	1	33	1	1
剑桥(美国)	2	48	2	1	3	3
深圳	3	1	3	24	4	7
东京	4	5	4	46	2	4
波士顿	5	17	4	4	7	12
上海	6	6	7	32	8	6
伦敦	7	13	14	15	6	5
纽约	8	14	9	10	5	23
新加坡	9	15	10	8	15	10
南京	10	3	11	39	10	14

资料来源:《2022 国际大都市科技创新能力评价》报告。

大科创城市行列。对于中国城市而言,尽管有四座城市创新能力综合排名进入前 10,但在创新质量方面还有待进一步发展。

新兴技术方面的发展情况如表 2.6 所示。十大新兴技术及各技术研发和学术领域的首位城市分布呈现出美国城市领跑区块链、氢能和 mRNA 生命科学领域,东亚城市引领其他新兴技术发展的格局。综合来看,除区块链、氢能与 mRNA 技术领域外,东京与深圳的新兴技术研发领域具有明显优势,北京在新兴技术学术领域几乎实现垄断,学术实力强劲。得益于美国金融业发达优势,美国的剑桥和波士顿在与区块链相关的技术研发和学术研究方面延续了"领跑"全球的势头。虽然东亚城市正在逐步巩固在新兴技术领域的发展优势,但在区块链、氢能和 mRNA 技术研发领域尚无法挑战美国城市的领先地位。

表 2.6 十大新兴技术及各技术研发和学术领域的首位城市

十大新兴技术	技术研发领域首位城市	学术研究领域首位城市
石墨烯	深圳	北京
自动驾驶	东京	北京
人工智能	深圳	北京
精准医疗	深圳	北京
量子技术	深圳	北京
基因编辑	东京	北京
沉浸式体验	东京	北京
区块链	剑桥(美国)	波士顿
氢能技术	剑桥(美国)	北京
mRNA 技术	剑桥(美国)	东京

资料来源:《2022 国际大都市科技创新能力评价》。

2.1.3 服务型经济

对于国际化城市而言,服务型经济的重要性不言而喻,它直接决定了国际化城市的国际角色和国际地位。对于全球创新资源配置而言,服务型经济为市场主体提供了一个以服务为主导的市场环境。就国际化城市发展经验而言,它们都经历过产业结构从制造业为主向服务业为主的跃升。城市服务能力和能级提升,不仅有利于吸引全球人力、技术、资金等资源要素集聚,还能进一步增强城市吸引力、创造力和竞争力。以全球最具影响力的三大城市为例,伦敦、纽约和东京的第三产业增加值占城市 GDP 比重已多年保持在 80% 以上,并且它们凭借各自独特的服务业优势成为地区的国际金融、贸易或者航运中心。当今世界,发展生产性服务业,尤其是打造高端生产性服务业,并不断优化营商环境,已经成为全球城市通过服务型经济集聚创新资源要素的重要推手和途径。

表 2.7 为 2010—2020 年全球化与世界城市研究小组(GaWC)发布的世

界城市排名情况。由于 GaWC 发布的世界城市排名并未将 GDP 作为重要
因素,而更加注重城市高端生产性服务业企业的全球商务网络(比如银行、
金融与保险企业、会计师事务所、律师事务所、广告企业和管理咨询企业)的
发展,《世界城市排名》近年来被认为是世界城市体系研究领域最为重要和
权威的报告之一。可以看出,全球主要城市排名中,伦敦和纽约持续多年居
于该榜单的第一名和第二名,世界公认的四大全球城市(伦敦、纽约、巴黎和
东京)多年来居于该榜单的前十位。对于中国而言,前十位城市中,有香港、
上海和北京三座城市,占据席位最多。2020 年,上海排名全球第五,在中国
仅次于香港。在高端服务业态品牌培育方面,与伦敦、纽约相比,上海还需
要进一步提升服务能级以匹配其卓越全球城市目标。

　　良好的营商环境是城市吸引力、创造力、生产力的象征,是城市服务
型经济发展的重要支撑,是城市集聚全球创新资源的关键。在现有主流

表 2.7　GaWC 世界城市排名前 10

序号	2020 年	2018 年	2016 年	2012 年	2010 年
1	伦敦	伦敦	伦敦	伦敦	伦敦
2	纽约	纽约	纽约	纽约	纽约
3	香港	香港	新加坡	香港	香港
4	新加坡	北京	香港	巴黎	巴黎
5	上海	新加坡	巴黎	新加坡	新加坡
6	北京	上海	北京	上海	东京
7	迪拜	悉尼	东京	东京	上海
8	巴黎	巴黎	迪拜	北京	芝加哥
9	东京	迪拜	上海	悉尼	迪拜
10	悉尼	东京	悉尼	迪拜	悉尼

资料来源:https://www.lboro.ac.uk/microsites/geography/gawc/whatsnew.html。

营商环境评估报告中,最具代表性和影响力的是世界银行每年针对全球 190 个经济体发布的《全球城市营商环境评估报告》①。近年来,上海发展战略研究所在世界银行指标体系的基础上进行了完善和扩展,于 2020 年发布了针对 GaWC 公布的 2018 年排名前 19 个一线城市(α级)的《全球城市营商环境评估报告》(见表 2.8)。在此之前,粤港澳大湾区研究院也基于全球城市统一口径数据对全球 30 个城市(包括 25 个国际城市和 5 个中国城市)进行了评估,并发布《2017 年世界城市营商环境评价报告》(见表 2.9)。

表 2.8　2020 年全球主要城市营商环境指数排名前 10

序号	城市	总指数	市场发展	产业配套	基础设施	政府服务	要素供给	宜居品质	法律保障	报告类型
1	纽约	100	7.6	17.0	9.2	3.8	**8.9**	4.4	16.9	
2	东京	99.6	7.8	**18.5**	9.2	3.1	6.0	4.7	18.3	
3	新加坡	96.4	8.2	7.3	**11.9**	6.6	5.2	**7.2**	**18.9**	
4	伦敦	94.9	8.8	11.3	11.1	4.6	6.2	4.8	17.7	《全球城市营商环境评估报告》
5	**香港**	89.1	**9.6**	7.1	9.8	6.2	5.7	5.7	16.5	
6	洛杉矶	79.7	8.5	6.3	8.9	3.7	5.6	5.3	15.9	
7	悉尼	78.7	6.4	5.4	7.8	5.1	4.9	6.9	17.0	
8	巴黎	77.9	6.6	6.7	6.2	**6.9**	5.6	4.3	16.6	
9	多伦多	77.6	7.5	6.0	7.4	6.2	4.7	4.7	16.1	
10	**上海**	**76.8**	**8.0**	**9.5**	**9.2**	**3.1**	**4.9**	**4.4**	**13.1**	

资料来源:《全球主要城市营商环境指数》,上海发展战略研究所 2020 年 12 月发布。

---

① 世界银行发布的《全球营商环境评估报告》主要针对全球不同经济体进行,从企业生命周期的视角出发,对企业在开办、扩建、经营和破产这四个环节所需花费的时间、成本和费用进行评估。

表 2.9 2017 年世界城市营商环境评价报告

序号	城市	总指数	软环境	生态环境	基础设施	商务成本	社会服务	市场环境	报告类型
1	纽约	0.655	0.781	0.547	0.588	0.753	0.609	**0.660**	
2	伦敦	0.636	0.832	0.647	**0.745**	0.463	0.517	0.498	
3	东京	0.626	0.695	0.588	0.618	0.501	0.645	0.644	
4	新加坡	0.579	**0.871**	0.554	0.463	0.588	**0.703**	0.324	《2017 年世界城市营商环境评价报告》
5	巴黎	0.548	0.681	0.674	0.473	0.530	0.443	0.481	
6	洛杉矶	0.531	0.720	0.518	0.285	**0.788**	0.332	0.621	
7	多伦多	0.491	0.738	**0.854**	0.124	0.665	0.347	0.360	
8	香港	0.487	0.841	0.566	0.376	0.331	0.428	0.306	
9	上海	**0.471**	**0.554**	**0.406**	**0.687**	**0.347**	**0.256**	**0.446**	
10	首尔	0.466	0.835	0.524	0.226	0.478	0.437	0.307	

资料来源:《2017 年世界城市营商环境评价报告》,粤港澳大湾区研究院 2017 年 11 月发布。

两种全球城市营商环境评估结果均显示,纽约、东京、伦敦和新加坡都位居全球城市前四位,其中纽约营商环境稳居世界第一。对于中国的香港和上海而言,其营商环境总指数排名相对靠后。2020 年发布的《全球城市营商环境评估报告》中,上海尽管在各项细分指标方面与前五位城市相比还存在一定差距,但在基础设施方面存在一定优势,"地铁运营里程"与"港口实力"表现优异。2020 年,上海集装箱吞吐量达 4 330 万标准箱(2022 年上海集装箱吞吐量达 4 730 万标准箱),连续多年稳居全球港口首位。2020 年,上海地铁以 772 千米运营里程位居世界第一(2021 年上海地铁运营里程数达到 831 千米)。另外,在"政府服务"方面,随着"一网通办"等改革的不断推进,上海"开办企业天数""电子政务发展"等指标表现较好,政府服务效率不断提高。《2020 联合国电子政务调查报告》将上海"一网通办"政务服务作为经典案例纳入。

2.1.4 开放型经济

图 2.3 为 2021 年全球部分城市外贸依存度情况。外贸依存度在一定程度上反映了某地区经济开放水平以及参与国际经济的程度。可以看出，2021 年进出口贸易总额和外贸依存度在香港、新加坡、伦敦、上海、东京、北京、巴黎大区和纽约均依次降低，其中香港进出口贸易总额和外贸依存度均大幅领先于其他城市，说明香港参与国际贸易的程度相对较深。但相对纽约、东京、巴黎大区和与伦敦而言，香港的 GDP 却较低，之所以出现这种情况，是因为其与全球著名的港口"转口贸易"有着紧密联系。2021 年，香港转口贸易额为 5 153.6 亿美元，占进出口贸易总额的比例高达 37%。纽约和巴黎大区的外贸依存度低而 GDP 较高的特征与二者发达的金融服务业密切相关。在全球城市开放开发过程中，随着工业城市向服务型城市发展，当开放型水平达到一定程度后，城市经济发展对外贸的依赖程度相对弱化。

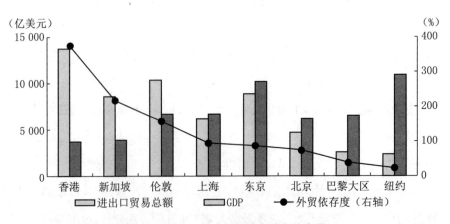

图 2.3 2021 年全球部分城市外贸依存度

资料来源：作者根据各城市政府及统计机构官方网站资料整理，部分数据根据年平均汇率折算成美元。

随着大数据与人工智能等技术不断扩展应用场景,全球城市的开放经济板块已延伸到数字领域。全球重要城市开放数据指数是全球专注于数据开放和数据价值的专业指数,2019 年一经推出便受到各方高度关注,目前已经成为全球城市数据开放的"晴雨表"。2021 年,上海社会科学院绿色数字化发展研究中心针对纽约、巴黎、东京、新加坡等全球 30 个城市的数据开放程度进行了评估,一共包含 77 个评估指标,涉及基础层、开放层、使用层和价值层四个维度。《2021 全球重要城市开放数据指数》排名前 15 城市榜单显示(见表 2.10),与 2020 年相比,2021 年排名前 15 城市中一半以上城市数据开放指数排名上升。在 2021 年城市数据开放指数排名前 15 中,除巴黎和伦敦外的其他城市均来自亚洲和北美洲。此外,数据开放前 10 的世界城市中,有六座城市在中国,其中上海排名全球第一,说明中国城市在全球城市数据开放中处于领先水平。在前三位城市中,有两座城市来自美国,说明美国城市依然是全球数据开放的"排头兵"。亚洲城市中,除中国城市外,首尔开放数据指数排名最高。

表 2.10　2021 年全球城市开放数据指数排名前 15

城市	2020 年综合指数排名	2021 年综合指数排名	基础保障层指数排名	开放质量层指数排名	用户使用层指数排名	价值释放层指数排名
上海	1	1	3	8	1	4
纽约	2	2	1	4	14	1
芝加哥	5	3	5	12	5	3
首尔	3	4	2	6	12	6
贵阳	6	5	11	1	4	22
洛杉矶	9	6	12	7	7	13
广州	8	7	25	3	6	7
深圳	7	8	20	5	2	21
北京	4	9	9	21	3	16

续表

城市	2020 年综合指数排名	2021 年综合指数排名	基础保障层指数排名	开放质量层指数排名	用户使用层指数排名	价值释放层指数排名
青岛	未纳入	10	14	15	9	23
伦敦	18	11	22	6	19	2
香港	13	12	15	26	12	5
迪拜	16	13	10	24	11	24
东京	15	14	7	2	21	14
台北	11	15	6	16	18	10
巴黎	10		19	17	10	9

注:台北与巴黎综合指数相同,故排名相同。表中后四列分维度指标为 2021 年数据。

资料来源:上海社会科学院绿色数字化发展研究中心。

2.1.5 总部型经济

企业或机构总部高度集聚是全球城市的重要特征之一,地区所拥有的跨国企业或机构数量是全球城市总部型经济发展的典型标志之一,也是全球城市体现全球影响力和对创新资源要素控制力的重要表现。2022 年,美国《财富》杂志公布的世界 500 强名单显示(见图 2.4),北京拥有 54 家世界500 强企业总部,位列全球第一。尽管东京在这一指标上于 2015 年被北京超过,但北京和东京拥有的世界 500 强企业总部数量仍远超纽约、巴黎等城市,稳居全球第一梯队。纽约、首尔、上海、巴黎和伦敦居于第二梯队。尽管纽约曾被称为"世界首都",但其拥有的 17 家世界 500 强企业中大多数为金融企业,是名副其实的金融之都。

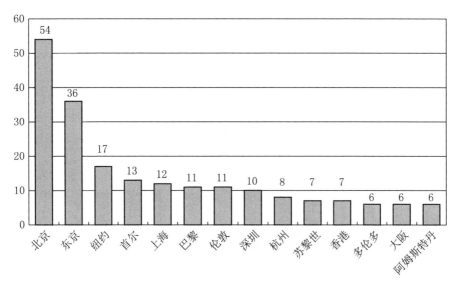

图 2.4 2022 年全球主要城市世界 500 强企业数量

资料来源:美国《财富》杂志 2022 年世界 500 强企业名单。

在金融和保险服务方面,英国《银行家》杂志 2022 年全球 1 000 强银行排行榜显示,中国有 140 家银行上榜。全球银行 20 强中,纽约、旧金山、伦敦、东京、巴黎分别有 3 家、2 家、1 家、1 家、2 家银行上榜,而中国主要城市中,除北京以 6 家银行呈现"一家独大"外,上海有 2 家银行(交通银行和浦发银行)上榜,深圳和福州则各有 1 家银行上榜,分别为招商银行和兴业银行。保险方面,英国品牌咨询公司 Brand Finance 与英国《商业保险》杂志联合发布的"2022 全球最具价值 100 大保险品牌"排行榜显示,中国平安以429.33 亿美元位列榜首,安联以 231.36 亿美元排名第二,中国人寿以 228.82亿美元排名第三。除此之外,在榜单前十名中,中国的友邦保险和太平洋保险也纷纷上榜,分别位列第五、第七名。全球主要城市层面,在全球保险机构品牌价值 100 强中(见图 2.5),东京和伦敦分别以 5 家并列榜首,纽约和巴黎分别有 4 家、3 家上榜,中国主要城市中北京有 4 家上榜,香港有 2 家上榜,而上海仅有 1 家上榜。

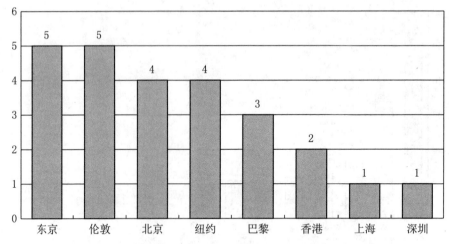

图 2.5 2022 年全球主要城市保险机构品牌价值 100 强数量

资料来源:根据英国品牌咨询公司 Brand Finance 与英国《商业保险》杂志联合发布的"2022 全球最具价值 100 大保险品牌"名单整理。

总体而言,在总部型经济方面,伦敦、东京、纽约和巴黎四大全球城市仍然具有领先优势,而中国主要城市中除北京具有较强竞争力外,上海等城市在总部型经济方面距离四大全球城市仍存在一定差距。

2.1.6 流量型经济

在互联网、人工智能、区块链等现代信息技术发展背景下,流量型经济重在依托线上线下平台,在要素资源的流动中不断提高配置效率和价值增值。航运方面(见表 2.11),2022 年全球旅客吞吐量 3 000 万人次以上多机场城市仅有伦敦、纽约和东京,且东京两个国际机场中仅羽田机场旅客吞吐量超过了 3 000 万人次。拥有两个或更多机场的城市通常在大型都会区,且多为首都或重要经济中心。2019 年,在双机场吞吐量均超 4 000 万人次的城市俱乐部中,存在不少潜在成员,比如巴黎、伊斯坦布尔、莫斯科等,这些城市的次级机场座位数在 2 900 万—3 500 万之间,但正不断往 4 000 万旅客吞吐量追赶。然而,受新冠疫情影响,2022 年中国上海虹桥机场和浦东机场旅客吞吐量均未突破 1 500 万人次大关,同样具有双机场的北京市,其首都机场和大兴机场旅客吞吐量仅分别达到 1 270.30 万人次和 1 028.30 万人次。不过,随着各国民航业务逐步复苏,相信未来上海和北京这两个双机场城市会再次进入全球机场前沿梯队。

表 2.11　2022 年全球旅客吞吐量 3 000 万人次以上多机场城市概况

城市	机场名称	2019 年客流量（万人次）	2019 年排名	2022 年客流量（万人次）	2022 年排名	机场地位	机场定位	通航年份
伦敦	希斯罗	8 088.9	7	6 160.46	8	主要	全服务	1929
	盖特维克	4 657.3	42	3 024.21	40	次要	低成本	1920
纽约	肯尼迪	6 225.1	21	5 729.00	11	主要	天合联盟	1948
	瓦纽克	4 633.6	43	4 356.53	24	次要	星空联盟	1928
东京	羽田	8 510.6	5	5 017.85	17	主要	国内	1931
	成田	4 434.5	50	1 542.00	>40	次要	国际	1978
上海	浦东	7 614.8	9	1 415.70	>40	主要	国际	1999
	虹桥	4 565.0	46	1 469.70	>40	次要	国内	1964

资料来源:民航资源网 CADAS。

全球主要机场旅客吞吐量方面(见表 2.12),2022 年全球旅客吞吐量排名前 10 机场中美国拥有 5 家,阿联酋等其他国家各占一席。由于 2020 年新冠疫情对全球民航行业带来较大的影响,尽管 2022 年众多国际机场开始复苏,但相对 2019 年,除伊斯坦布尔机场外,整体旅客吞吐量仍下降明显。特别地,2022 年中国民航业运力尚未完全恢复,导致 2022 年全球旅客吞吐量排名前 10 的机场中没有一家中国机场上榜。而在 2019 年,中国有北京首都机场和上海浦东机场上榜。不过,随着中国民航业的快速复苏,相信不久后中国将有机场重回全球前 10 行列。在港口货物吞吐量方面,2020 年全球港口吞吐量排名前 20 显示(见图 2.6),前 15 名中有 11 个为中国港口,其中宁波舟山港以 126 376 万吨位居全球第一,上海港以 76 970 万吨位居第二,与排名靠后的新加坡港、纽约港相比,上海在港口服务平台上存在较大优势。

表 2.12 2022 年全球机场旅客吞吐量排名前 10

机场名称	国家	2022 年旅客吞吐量(万人次)	2022 年排名	2019 年旅客吞吐量(万人次)	2019 年排名
亚特兰大	美国	9 369.96	1	11 053.1	1
达拉斯—沃堡	美国	7 336.29	2	7 506.7	10
丹佛	美国	6 928.65	3	6 901.6	16
芝加哥奥黑尔	美国	6 835.61	4	8 464.9	6
迪拜	阿联酋	6 607.00	5	8 639.7	4
洛杉矶	美国	6 592.43	6	8 806.8	3
伊斯坦布尔	土耳其	6 448.62	7	5 246.2	28
伦敦希思罗	英国	6 160.46	8	8 088.9	7
德里英迪拉—甘地	印度	5 949.01	9	6 849.1	17
巴黎戴高乐	法国	5 747.40	10	7 617.1	8

资料来源:民航资源网 CADAS。

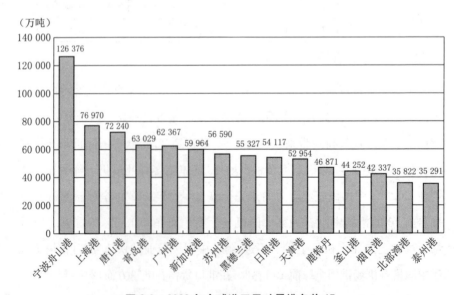

图 2.6 2022 年全球港口吞吐量排名前 15

资料来源:中国交通运输部,各港口港务局。

在全球金融中心建设方面,全球最具权威性的金融中心地位指标——全球金融中心指数,是城市金融发展的"晴雨表",该指数中的特征指标涵盖了人才、商业环境、市场发展程度、基础设施、总体竞争力等多个维度。金融中心全球竞争力越强,对金融资源的集聚、调控能力越大。根据英国 Z/Yen 集团与中国(深圳)综合开发研究院联合发布的全球金融中心指数①显示(见表 2.13),近年来,纽约和伦敦的全球金融中心竞争力持续雄踞全球排名前 2。中国城市中,香港、上海和北京稳居前 10,说明中国上海、北京和香港在国际金融中心建设方面成效显著,金融综合实力相对强劲。然而,受新冠疫情影响,2022 年 9 月第 32 期全球金融中心指数显示,上海全球金融中心竞争力排位由 2020 年 9 月第 28 期的全球第三位下降到第 32 期的第六位。北京和深圳的排名也呈现波动变化趋势。

表 2.13　全球金融中心指数排名前 10

排名	GFCI25	GFCI26	GFCI27	GFCI28	GFCI29	GFCI30	GFCI31	GFCI32
1	纽约	纽约	纽约	纽约	纽约	纽约	纽约	纽约
2	伦敦	伦敦	伦敦	伦敦	伦敦	伦敦	伦敦	伦敦
3	香港	香港	东京	上海	上海	香港	香港	新加坡
4	新加坡	新加坡	上海	东京	香港	新加坡	上海	香港
5	上海	上海	新加坡	香港	新加坡	旧金山	洛杉矶	旧金山
6	东京	东京	香港	新加坡	北京	上海	新加坡	上海
7	多伦多	北京	北京	北京	东京	洛杉矶	旧金山	洛杉矶
8	苏黎世	迪拜	旧金山	旧金山	深圳	北京	北京	北京
9	北京	深圳	日内瓦	深圳	法兰克福	东京	东京	深圳
10	法兰克福	悉尼	洛杉矶	苏黎世	苏黎世	巴黎	深圳	巴黎

资料来源:英国 Z/Yen 集团中国(深圳)综合开发研究院。

———————————————

① 2007 年 3 月,英国伦敦 Z/Yen 集团发布了第一期全球金融中心指数(GFCI 1),该指数持续对全球主要金融中心进行竞争力评估和排名。2016 年 7 月,中国(深圳)综合开发研究院与伦敦 Z/Yen 集团建立战略伙伴关系,共同开展金融中心研究,持续合作编制全球金融中心指数。全球金融中心指数分别于每年 3 月和 9 月更新一次,受到全球金融界的广泛关注。

信息化平台是信息流的重要载体,而信息化建设是促进城市信息要素流动的重要手段。在全球智慧城市发展新阶段,城市信息化发展已逐步成为促进城市生产方式、生活方式和治理方式变革的重要途径,同时也是全球城市迈入数字化发展新阶段的必由之路。《全球智慧城市之都报告(2020版)——人本·科技·可持续》基于智慧设施、智慧经济、智慧服务、智慧管理和智慧创新五个定量指标和智慧声誉一个定性指标对全球 20 个具有地方代表性的城市进行了排名。从表 2.14 可以看出,中国的上海、北京智慧城市排名均进入了前 5,而香港也进入前 10。在全球前 15 智慧城市中,伦敦和纽约不仅综合排名前 2,在五个细分指标中也有多个指标处于领先地位。对于中国的上海和北京而言,尽管它们在智慧服务方面处于领先地位,但在智慧基础设施、智慧创新方面相对落后,尤其是智慧基础设施是线上流量经济发展的平台支撑,在"五型经济"发展中起到基础性作用,中国城市较伦敦和纽约相比还需要进一步提升。

表 2.14　全球智慧城市排名前 15

城市	总排名	智慧基础设施	智慧经济	智慧服务	智慧治理	智慧创新
伦敦	1	3	2	6	1	1
纽约	2	5	1	10	7	2
新加坡	3	2	6	4	4	7
上海	4	17	4	1	6	12
北京	5	15	3	2	10	11
巴黎	6	11	5	7	11	3
香港	7	1	10	8	16	8
洛杉矶	8	4	8	16	12	5
芝加哥	9	6	7	12	13	9
首尔	10	13	14	9	2	6
迪拜	11	7	13	3	3	16

续表

城市	总排名	智慧基础设施	智慧经济	智慧服务	智慧治理	智慧创新
东京	12	12	9	14	14	4
悉尼	13	9	12	13	8	10
多伦多	14	10	11	15	5	14
柏林	15	8	15	17	9	13

资料来源:上海社科院信息研究所和复旦大学智慧城市研究中心联合发布的《全球智慧之都报告(2020 版)——人本·科技·可持续》。

2.2 国际典型城市"五型经济"优势与特征

2.2.1 全球典型城市"五型经济"优势剖析

在国际典型城市"五型经济"对比的基础上,进一步对相关典型城市"五型经济"优势维度进行特征分解和优势分析,具体如表 2.15 所示。

表 2.15 全球典型城市"五型经济"优势特征剖析

经济类型	典型地区	特 征	优 势
创新型经济	旧金山、纽约	旧金山:硅谷所在地,汇聚了苹果、谷歌等大批科技公司巨头,是高新技术研发和应用前沿区。 纽约:美国最大城市及港口。拥有 7 000 多家高科技公司,自从 2008 年金融危机后,开始实施城市转型,从高度依赖金融转向科技创新,打造全球"科技创新领袖城市"。2015 年,纽约制定了《同一个纽约:建设一个富强而公正的纽约》(One New York: The plan for a strong and just city)城市发展综合规划,该规划注重城市创新能力与创新人才的发展。	1. 位于沿海湾区,地理位置优越,城市交通发达。 2. 高新技术企业云集,形成集聚型高技术工业园区。 3. 产学研合作基础好,全球顶尖高校集聚。创新生态吸引力强,人才基础雄厚。 4. 制度开放,政策支持和配套措施相对健全。

续表

经济类型	典型地区	特　征	优　势
服务型经济	香港	香港是中西方文化交融之地,法制、制度相对健全,与纽约、伦敦并称为"纽伦港"。此外,还是全球最繁忙的货柜港口、全球最繁忙的货运机场、亚洲基金经理最集中的地方,亚洲最大的创业基金中心。2018年,香港服务业增加值比重占地区GDP的88.6%。服务贸易出口总值全球领先,2020年居于GaWC世界城市排名第三(仅次于伦敦和纽约)。	1. 港口城市,高端航运综合服务业发达,金融、法律、传媒、咨询等高端生产性服务配套服务健全。 2. 人口密度大,消费服务业发达,吸引大量外国人员集聚,促进生活服务业发展。 3. 经济自由度高,营商环境优越。
开放型经济	纽约	纽约是美国重要的陆运、空港和海港城市,是全美的银行业、零售业、世界贸易、运输、旅游业、地产业、新媒体、传统媒体、广告业、法律服务、会计业、保险业、戏剧、时尚和艺术产业的中心。此外,纽约是三大国际金融中心之一,全球重要的商业和经贸枢纽,纽约控制着全球大约40%的财政资金。离岸金融业务发达,市场机制相对完善,制度性开放程度高。华尔街上的纽约证券交易所是世界上上市公司总市值最大的证券交易所。2020年世界500强企业名单中,总部在纽约的有17家之多。纽约对外贸易占地区GDP比重高,外商直接投资额位于美国前列。 纽约人口集聚的国际化程度高,外籍人口占比在30%以上。纽约还拥有较多世界著名高校,留学生比例高。人文多样性强,开放包容,多元竞争。	1. 港口城市,交通便利,是全球重要的航运、航空枢纽。 2. 金融开放水平高,拥有全球最大的证券交易所;美元为国际通用货币。纽约对全球金融资本有较强的控制能力,国际联动性强。 3. 国际化服务水平较高,全球城市连接性强。 4. 人文多样性强,国际化程度高。
总部型经济	伦敦	伦敦是全球著名的银行、保险、期货和航运中心,也是众多外国银行、保险等金融机构的外设区域总部所在地。	1. 首都城市,地区经济中心。

续表

经济类型	典型地区	特　征	优　势
总部型经济	伦敦	尽管受英国脱欧影响,但伦敦的全球机构地区总部数量并未发生太大变化。根据德勤 2018 年的一项研究,在总部位于欧洲的 201 家《财富》杂志全球 500 强企业中,有 114 家位于英国,其中,有 111 家位于伦敦和东南部区域。伦敦(87 个总部)和东南部(24 个总部)合计占世界级公司欧洲总部的 55%。2003—2018 年,伦敦企业总部的海外投资项目在数量上全球领先。	2. 伦敦和东南部地区是总部外商直接投资项目的主要吸引区域。 3. 便利的金融服务、投资等商业环境吸引企业地区总部集聚。
流量型经济	伦敦	伦敦以世界先进的航运中心而著名,除了实体的货物运输物流,围绕着航运服务而生的航运金融、航运清算、航运保险等资金流、信息流更是伦敦作为"流量"中心的重要体现。 全世界的航运企业,相关的金融、清算、信息等都要经伦敦流进流出,使伦敦成为中心,对全球流量要素拥有较高的支配能力。此外,2010 年启动伦敦"科技城"项目,以科技创新为依托,形成了朝气蓬勃的数字经济产业集群。	1. 首都城市、港口城市,且航空等交通设施发达,流量要素基础平台稳固。 2. 城市科技创新能力强,衔接实体经济与线上经济的结算平台发达,是全球金融、物流等流量经济枢纽。 3. 数字化经济水平高,依托线上线下枢纽平台,对全球流量要素控制能力强,参与流量要素配置话语权高。

资料来源:作者根据相关资料整理。

2.2.2　典型全球城市主要共性特征

(1) 区位上属于港口城市,地处湾区。纵观国际公认的四大全球城市(纽约、伦敦、巴黎和东京),它们拥有共同的身份——港口城市,均地处沿海湾区。其城市发展规律表明,当今城市的国际地位是以历史上繁荣的海港贸易为基础发展而来的,这些世界级大城市崛起的背后都有一个世界级大港在支撑。以纽约为例,纽约是美国第一大海港,位于北大西洋西岸沿线的中心位置,地理位置优越,便于与欧洲各国开展国际贸易。虽然如今其世界海港的地位有所弱化,但是纽约的城市崛起离不开国际贸易时期的资本积累。

(2)功能上在某一方面或多个方面为全国或国际中心。在金融、保险、信息等某一方面或者多个方面,典型的全球城市往往均具有较强的国际影响力。如"纽伦港"是世界公认的三大金融中心,对全球金融资本流动产生巨大影响。又如,巴黎是全球文艺中心,是联合国教科文组织总部所在地,也是全球时尚和文艺的重要风向标。

(3)产业上以服务业为主导,尤其是生产性服务业部门健全。典型的四大全球城市的产业结构中服务业占比均达到80%以上。这其中,生产性服务业部门相对健全、总部集成,生活性服务配套相对完善,连接着区域乃至全球的产业链、价值链,以强大的服务能级和能力影响全球资源的集聚和配置。

(4)人文上开放包容,多元融合。典型的四大全球城市,均是具有不同文化背景的人口聚集地,在就业人口中,外籍人员在城市人口中的占比远高于一般城市。例如,由于美国是移民国家,纽约具有较强的人口多样性;伦敦依靠城市吸引力,集聚了大量外国人口。不同资源、背景的人口集聚到城市中,进一步增强了城市的人文魅力。

2.3 国内主要城市"五型经济"对标研究

2.3.1 评价指标体系构建

1. 指标体系建立标准

目前,关于"五型经济"尚缺乏相对权威、统一的综合指标评价体系。

"五型经济"评价指标是对创新型经济、服务型经济、开放型经济、总部型经济、流量型经济的一种全面评价和分析,通过组建相互关联的指标群进行统计,给出准确、真实反映"五型经济"现实情况的指标体系,并引导"五型经济"快速提升全球创新资源集聚。构建"五型经济"综合评价指标体系,应考虑以下几方面的因素。

创新资源是构建综合指标评价体系的前提。"五型经济"与创新资源之间关系密切。总部型经济和流量型经济成为创新资源配置的主体,创新型经济引领国际通用规则,开放型经济和服务型经济成为创新资源配置的方式。所以,指标体系紧紧围绕创新资源相关要素展开。

系统全面是构建综合指标评价体系的基础。评价指标体系需要较为全面地反映"五型经济"的综合性或综合水平,必须包括创新型经济、服务型经济、开放型经济、总部型经济和流量型经济等方面的主要内容。

稳定可比是构建综合指标评价体系的核心。指标体系进行横向比较和纵向比较的前提是综合指标体系的稳定可比,这也是观测"五型经济"现象变化的持续性依据。

典型独立是构建综合指标评价体系的关键。所选指标典型独立、具有代表性是能够用来反映"五型经济"发展概况、趋势的重要判断依据,代表性典型指标能够使得测度评估结果相对可靠。

科学客观是构建综合指标评价体系的原则。所选指标科学、客观是对"五型经济"进行趋势识别、现状评判的重要基础性原则,也是保证研究的科学性、可信性所在。

操作可行是构建综合指标评价体系的保障。所选指标可操作、可统一、可量化是后续"五型经济"测度评估得以进行的前提。

2. 综合评价指标体系

依据"五型经济"综合评价指标体系建立标准,秉承研究科学性、方法可行性、评估系统性、指标可比性等原则,结合时代特征,从创新型、服务型、开放型、总部型和流量型五个维度,构建反映上海"五型经济"发展状况的综合评价指标体系。

在上海"五型经济"发展系统中,由于五种细分经济类型相互渗透、相互融合发展,研究视五种细分类型经济同等重要,分别占20%的权重。具体综合评价指标体系见表2.16。

表2.16 "五型经济"综合评价指标体系

目标	一级指标	二级指标	指标解释或含义	单位
"五型经济"	创新型经济(20%)	每万人高等学校在校学生数量	高等教育人员为经济发展提供人才储备	%
		教育经费占GDP比重	对教育重视程度以及未来人才培养潜力	%
		R&D内部经费支出占GDP的比重	地方研发投入强度	%
		地方财政科技支出占地方一般财政预算支出的比重	地方政府对科技发展与创新的重视程度	%
		互联网宽带接入用户数	信息时代人民获取信息的便捷程度,有效的信息获取将带来极大的竞争优势	万户
		移动电话用户数		万户
		软件和信息技术服务企业竞争力百强企业数	当地信息产业发展中领衔企业的比例和整体领先情况	家
		每万人专利申请量	体现地区自主创新能力和创新型经济产出	件/万人
		每万人专利授权量		件/万人
		地区人均GDP		元
	服务型经济(20%)	第三产业产值占GDP比重	服务型经济发展概况	%
		第三产业固定资产投资同比增长率	地区服务投资水平	%
		机场货邮吞吐量	航空服务能级,国际化服务的重要交通窗口	万吨

续表

目标	一级指标	二级指标	指标解释或含义	单位
"五型经济"	服务型经济（20%）	机场旅客吞吐量	航空服务能级,国际化服务的重要交通窗口服务需求驱动力	万人
		城市居民人均消费支出		%
		城镇化率	城镇化水平越高,服务供给水平相对越高	%
		保险保费收入额占地区GDP比重	城市保险深度	%
		城市每万人保费收入额	城市保险密度	元/人
		每医院、卫生院床位数	生活性医疗服务水平	张/个
		每医院、卫生院医生数	生活性医疗服务水平	名/个
		每高等院校专任教师数	教育服务水平	名/所
		高等学校生均教师数		
		城市会展业展览数量	会展服务业是促进资金流、物流、信息流、技术流等资源要素汇聚的重要窗口	场
		城市会展业展览面积	会展服务业是促进资金流、物流、信息流、技术流等资源要素汇聚的重要窗口	万平方米
		GaWC世界城市连通性排名①	全球和世界城市融入度	—
		社会消费品零售总额占地区GDP比重	地区内贸开放度	%
	开放型经济（20%）	进出口贸易总额占地区GDP比重	地区外贸依存度	%
		实际利用外商直接投资额占地区GDP比重		
		国际旅游外汇收入②	国际旅游开放度	亿美元
		国际旅游入境人数		万人次
		《财富》世界500强企业数③	地区总部企业的全球和区域资源调动配置能力	家

①　数据来源:https://www.lboro.ac.uk/gawc/world2020t.html。
②　由于新冠疫情影响,部分省份未统计2020年国际旅游外汇收入和入境旅游人数,故该指标使用2019年数据。
③　数据来源:https://www.fortunechina.com/fortune500/c/2021-08-02/content_394571.htm。

续表

目标	一级指标	二级指标	指标解释或含义	单位
"五型经济"	总部型经济（20%）	工商联中国民营企业 500 强数量①	地区总部企业的全球和区域资源调动	家
		全市规模以上工业企业数②	配置能力城市客流量情况	家
		全市规模以上工业企业利润总额		亿元
		年末地区 A 股上市公司家数		家
		客运量		万人次
	流量型经济（20%）	客运周转量	城市客流量情况城市货物流情况	亿人/公里
		货运量		万吨
		货运周转量	城市货物流情况城市物流增加值	亿吨/公里
		交通运输、仓储和邮政业产值		亿元
		邮电业务总量	城市信息流情况	亿元
		城市人才吸引力指数③	城市人才流情况	—
		金融机构年末余额贷存比	地区资金流情况	%
		金融业增加值	地区资金流情况流量经济平台发展情况	亿元
		中国电子商务公司百强榜④		亿元/家
		数字经济指数⑤	线上线下融合发展、高效配置的重要媒介	—

资料来源：作者自制。

---

① 数据来源：https://www.163.com/dy/article/GKR8MNUQ0518KCLG.html。
② 指主营业务收入在 2 000 万以上。
③ 数据来源："泽平宏观"公众号，由经济学家任泽平主导发布，https://mp.weixin.qq.com/s/2jYU4RsFuM5zVSqVXqScdQ。
④ 参见网经社电子商务研究中心发布的《2021 中国电子商务"百强榜"》。
⑤ 数据来源：新华三集团数字经济研究院与中国信息通信研究院云计算与大数据研究所共同发布的城市数字经济指数，http://deindex.h3c.com/。

由于"五型经济"的五个方面相互融合,而国外指标体系相关口径不尽一致,本部分将基于"五型经济"综合评价指标体系对国内主要城市进行对比分析,并识别上海"五型经济"发展态势。

2.3.2 测度方法:熵值法

利用前述构建的"五型经济"综合评价指标体系,基于熵值法测度出 2019 年北京、上海等国内 14 个主要城市的创新型经济、服务型经济、开放型经济、总部型经济、流量型经济五个维度得分以及"五型经济"总得分①。具体如下。

1. 熵值法基本原理

熵值是对不确定性的一种衡量。信息量大则不确定性小,熵值也小;反之则反是。基于此,可以通过熵值对某个事件的随机性进行判断。利用信息熵计算出的指标权重相对客观,能够避免因主观赋权而产生偏误,从而为多指标综合评价提供相对客观的依据。具体过程如下。

假设存在 n 个样本城市,m 个指标构成如下原始矩阵:

$$A = \begin{bmatrix} x_{11} & x_{12} & \cdots & x_{1m} \\ x_{21} & x_{22} & \cdots & x_{2m} \\ \vdots & \vdots & \ddots & \vdots \\ x_{n1} & x_{n2} & \cdots & x_{nm} \end{bmatrix}$$

矩阵中 x_{ij} 表示样本 i 的第 j 个指标数值,$i=1, 2, \cdots, n$;$j=1, 2, \cdots, m$。对某项指标而言,指标 x_{ij} 相对差距越大,则该指标在综合评价中的作用越大。即:

---

① 此部分样本城市暂不涉及香港和澳门。

信息熵大	指标不确定(无序)	信息量小	影响小	权重小
信息熵小	指标确定(有序)	信息量大	影响大	权重大

2. 熵值法处理步骤

(1) 归一化处理。由于综合评价指标体系中各指标单位不尽相同,为消除指标单位量纲影响,需要先对指标进行标准化处理。正向指标数值越大越好,负向指标数值越小越好。

$$\text{正向指标：} x'_{ij} = \frac{x_{ij} - \min\{x_{ij}, \cdots, x_{nj}\}}{\max\{x_{ij}, \cdots, x_{nj}\} - \min\{x_{ij}, \cdots, x_{nj}\}}$$

$$\text{负向指标：} x'_{ij} = \frac{\max\{x_{ij}, \cdots, x_{nj}\} - x_{ij}}{\max\{x_{ij}, \cdots, x_{nj}\} - \min\{x_{ij}, \cdots, x_{nj}\}}$$

为方便起见,归一化后的指标仍记为 x_{ij}。

(2) 计算第 j 个指标下样本城市 i 占该指标的比重:

$$p_{ij} = \frac{x_{ij}}{\sum_{i=1}^{n} x_{ij}}, \ i=1,2,\cdots,n; \ j=1,2,\cdots,m$$

(3) 计算第 j 个指标的熵值: $e_j = -k \sum_{i=1}^{n} p_{ij} \ln(p_{ij})$,其中 $k=1/\ln(n)$,满足 $0 \leqslant e_j \leqslant 1$。

(4) 计算信息熵冗余度,即差异系数。指标数值差异越大,对样本作用越大,熵值越小: $r_j = 1 - e_j$,其中,r_j 越大,相应指标越重要。

(5) 计算各项二级指标权重: $w_j = r_j / \sum_{j=1}^{m} r_j$。

(6) 计算各个样本城市的"五型经济"单个维度得分(一级指标): $s_i = \sum_{j=1}^{m'} w_j \times p_{ij}$,其中 m' 为"五型经济"细分维度指标个数。

(7) 计算样本城市"五型经济"综合得分: $S = \sum_{h=1}^{5} W_h \times s_i$,其中 W_h 为五种细分类型经济所占比重(即一级指标所占比重)。

2.3.3 对标分析

1. 创新型经济

根据图 2.7 可知,2021 年,在考察的国内 14 个主要城市中,北京和深圳的创新型经济水平分别位于前 2。杭州、重庆、广州和上海则分别位居第 3 至第 6 名。第 7 至第 14 名城市分别为成都、南京、苏州、武汉、天津、宁波、郑州、青岛。由于北京 2021 年在"中国软件和信息技术服务企业竞争力百强企业"榜单中占据 36 席,加之北京是全国重点院校和科研院所云集地之一,在创新资源集聚方面存在绝对优势,因此北京总体创新型经济水平遥遥领先。对于深圳而言,2021 年深圳市的研发强度远高于其他城市,使得其创新型经济水平处于领先地位。就上海而言,2021 年上海创新型经济水平在 14 个主要城市排名中位居第 6。尽管上海与北京、深圳和广州同为国家一线城市和创新型城市,上海全面推进全球科创中心城市建设,近年来在科技创新方面持续取得成效,但由于 2021 年上海仅有 3 家企业进入"中国软件和信息技术服务企业竞争力百强企业"榜单,在人均专利方面(以常住人口计算)也略低于其他城市,因此,上海的创新型经济竞争力与北京、深圳存在一定差距,未来的上升空间较大。

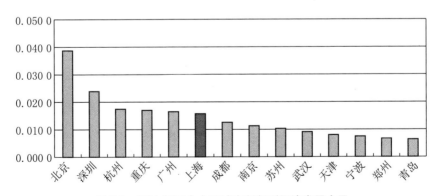

图 2.7 2021 年国内主要城市创新型经济发展水平

资料来源:作者依据测度数据制作。

2. 服务型经济

图 2.8 报告了 2021 年国内 14 个主要城市服务型经济发展水平。可以看出,上海、北京、广州和深圳依次居于第 1 至第 4 名,第 5 至第 14 名分别为杭州、南京、成都、青岛、武汉、郑州、苏州、宁波、天津和重庆。尽管同其他城市一样,上海经济社会各方面受到新冠疫情影响,但得益于其机场航空服务能级、医疗服务水平、会展服务业水平等复苏较快,上海服务型经济水平处于全国领先地位。另外,在 GaWC 发布的 2020 年的《世界城市排名》中①,上海处于 Alpha+级别,位居全球第 5 名、中国内地第 1 名(香港排名中国第 1),北京、广州分别在中国内地排名第 2(全球第 6 名)和第 3(全球第 34 名),均处于全球一线城市范围。由于 GaWC 排名较为注重城市全球外贸发达性和交通枢纽重要性,较国内其他城市而言,上海在全球城市中拥有较高的融入度和连接性。上海服务型经济水平在国内主要城市中大幅领先,意味着上海服务型经济在支撑、强化和实现上海"四大功能"方面发挥着重要作用。

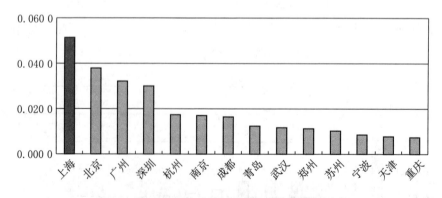

图 2.8　2021 年国内主要城市服务型经济发展水平

资料来源:作者依据测度数据制作。

_____

① 由于该报告每两年公布一次,在 2021 年熵值计算中使用 2020 年城市排名数据替代。

3. 开放型经济水平

图 2.9 展示了 2021 年国内 14 个主要城市开放型经济发展水平排名情况。可以看出,作为国内经济实力最为领先的 4 个一线城市,上海、深圳、广州和北京的开放型经济水平位居国内主要城市前 4,其中上海以微小优势领先深圳,处在第 1 位。第 5 至第 14 名分别为苏州、重庆、武汉、成都、青岛、天津、南京、杭州、宁波和郑州。苏州的开放型经济水平在 14 个城市中排在第 5 位,这与其近年来不断优化营商环境、扩大利用外商投资以及促进制造业转型升级存在紧密联系。上海和深圳作为中国扩大开放的前沿窗口,一直处于中国改革开放的第一梯队;此外,上海拥有中国第一个自由贸易试验区,近年来一直走在国内制度开放创新的前沿。

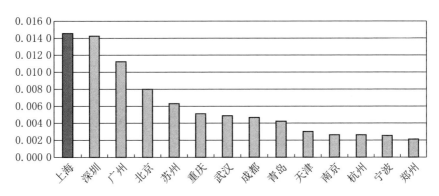

图 2.9 2021 年国内主要城市开放型经济发展水平

资料来源:作者依据测度数据制作。

另外,《全球服务贸易发展指数报告 2020》显示,在省级层面服务贸易发展指数中,北京、上海和广东处于第一梯队。2021 年,北京、上海和广州的服务贸易进出口总额规模分别达到 1 385.1 亿、2 293.8 亿和 500 亿美元。除此以外,上海拥有全球最大的智能集装箱码头——洋山深水港码头,2019 年又设立上海自贸试验区临港新片区,进一步增强了上海开放型经济的发展动力。与此同时,上海自贸试验区临港新片区作为更具国际市场影响力和竞争力的特殊经济功能区,是上海推进改革开放和创新发展的重要载体,为上海开放型经济发展注入了强劲动力。上海开放型经济发展水平地位将为上海建设卓越全球城市,助推国家构建国内国际双循环发展格局,提供强有力的支撑。

4. 总部型经济水平

2021 年北京等 14 个国内主要城市总部型经济发展水平如图 2.10 所示。可以看出,北京、深圳和上海三市的总部型经济发展水平位于考察样本城市前 3。其中,北京的总部型经济水平居于第一位,大幅度领先第二名的深圳和第三名的上海,上海的总部型经济发展水平略低于深圳。杭州、苏州、广州、宁波、重庆、南京、成都、武汉、天津、青岛和郑州则分别位列第 4 至第 14 名。北京的总部型经济水平之所以能大幅度领先深圳、上海等其他城市,跟其首都身份有着重要的关系。2021 年《财富》世界 500 强企业中,中国上榜 145 家,其中有 54 家总部设在北京。事实上,北京已连续多年位居《财富》500 强全球城市总部型经济企业数量的榜首。此外,尽管北京不是在所考察的 14 个城市中规模以上工业企业数量最多的地区,但其拥有的 A 股上市公司数量在 14 个城市中居于首位,入选工商联中国民营企业 500 强的企业数量达到 22 家,也相对处于领先地位(仅略低于杭州的 36 家、苏州的 26 家和深圳的 27 家)。一个城市拥有相关企业、机构,尤其是跨国公司、机构的全球总部或区域总部数量,代表着该城市参与全球或区域资源要素配置的能力,也是衡量一个城市全球影响力和控制力的重要指标。作为中国一线大都市,北京是中国总部型经济的始发地,其占据的总部型经济资源也最多。与北京相比,尽管上海总部资源规模不如北京,但上海跨国公司地区总部数量远高于北京,总部型经济国际化水平最高。①从长远来看,上海要实现"五型经济"加快发展,建设卓越全球城市,其总部型经济水平还存在较大的上升空间。

---

① 注意,在认定标准上,北京跨国公司的标准是由商务部和北京市认定,而上海跨国公司的标准由上海市认定,前者认定标准相对较高。

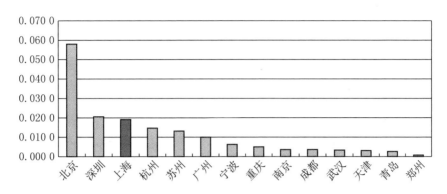

图 2.10　2021 年国内主要城市总部型经济发展水平

资料来源:作者依据测度数据制作。

5. 流量型经济水平

图 2.11 报告了 2021 年北京等 14 个国内主要城市的流量型经济发展水平。可以发现,上海、成都、北京和广州居于样本城市流量型经济发展水平前 4,其中上海以大幅领先优势夺魁。第 5 至第 14 名分别为重庆、深圳、杭州、南京、武汉、天津、宁波、苏州、郑州和青岛。另外,排在前 4 名城市的流量型经济发展水平均位于 14 个城市流量型经济平均水平以上,而排在之后9 名的城市的流量型经济发展水平则处于平均水平以下。上海在流量型经济方面取得第一的优异成绩,主要得益于其拥有发达的交通网络、航运基础等硬件平台优势以及完善的金融服务,2021 年,上海在货运水平、交通运输、仓储和邮政业增加值、金融业增加值方面均大幅领先于其他城市。除此以外,上海还具有较高的人才优势和数字化技术平台经济优势,这些都为其流量型经济发展及经济要素高能流动、配置和增值提供了良好支撑。尽管受新冠疫情影响,2021 年杭州流量型经济排在第 7 位,但其拥有阿里巴巴等规模较大的流量型平台企业,加上杭州自身数字化经济水平较高,其一直是中国电商领域的"领头羊",未来流量型经济发展潜力不容小觑。

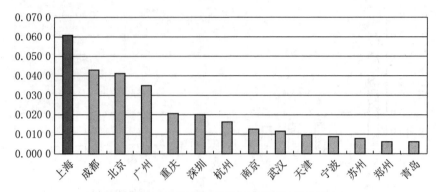

图 2.11　2021 年国内主要城市流量型经济发展水平

资料来源:作者依据测度数据制作。

6."五型经济"总体水平

图 2.12 报告了 2021 年国内 14 个城市的"五型经济"总体发展水平。可以看出,排在前 4 名的是中国经济实力强劲的一线城市,即北京、上海、深圳和广州。其中,北京和上海的"五型经济"发展水平较为领先,上海以小幅差距次于北京,排在第 2 名,二者基本属于国内"五型经济"发展第一梯队。第5 至第 14 名城市依次是成都、杭州、重庆、苏州、南京、武汉、宁波、天津、青岛和郑州。与第一梯队的 4 个城市相比,排名靠后的 10 个城市的"五型经济"总体发展水平相对差距较大。

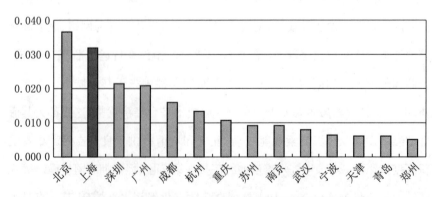

图 2.12　2021 年国内主要城市"五型经济"总体水平

资料来源:作者依据测度数据制作。

　　根据前述"五型经济"的创新型经济、服务型经济、开放型经济、总部型经济和流量型经济发展状况,不难看出,北京在创新型经济和总部型经济方面处于绝对领先优势,而上海在服务型经济、开放型经济和流量型经济方面保持领先优势。与其他城市"五型经济"总体发展水平相较而言,尽管上海"五型经济"发展水平与北京相对差距较小,但其与北京在创新型经济、总部型经济方面的较大差距不容忽视。在中国深入实施创新驱动发展战略和上海强化"四大功能"目标引领背景下,增强板、补短板,全面提升上海"五型经济"发展水平,是其强化"四大功能"、提升城市能级和核心竞争力的重要支撑点和着力点。表2.17为中国主要城市"五型经济"整体及细分领域排名。

表 2.17　2021 年中国主要城市"五型经济"整体及细分领域排名

"五型经济"	城　市　排　名
"五型经济"整体	**北京**、**上海**、深圳、广州、成都、杭州、重庆、苏州、南京、武汉、宁波、天津、青岛、郑州
创新型经济	**北京**、深圳、杭州、重庆、广州、**上海**、成都、南京、苏州、武汉、天津、宁波、郑州、青岛
服务型经济	**上海**、**北京**、广州、深圳、杭州、南京、成都、青岛、武汉、郑州、苏州、宁波、天津、重庆
开放型经济	**上海**、深圳、广州、**北京**、苏州、重庆、武汉、成都、青岛、天津、南京、杭州、**宁波**、郑州
总部型经济	**北京**、深圳、**上海**、杭州、苏州、广州、宁波、重庆、南京、成都、武汉、天津、青岛、郑州
流量型经济	**上海**、成都、**北京**、广州、重庆、深圳、杭州、南京、武汉、天津、宁波、苏州、郑州、青岛

资料来源:作者依据测度数据制作。

2.4　上海"五型经济"动态趋势、协调性和制约瓶颈

　　为进一步判断上海"五型经济"总体态势和五个细分类型动态趋势及其

协调性,本节将利用上海更为可得、完善的综合评价指标,并基于协调度模型对其2015—2021年以来"五型经济"的总体水平及其细分类型等进行识别和动态分析,以辨识、判断出未来重点支持领域和发展方向。

2.4.1 相关指标调整和协调度模型

1. 相关指标调整

考虑到上海市各领域发展指标数据的可获得性和连续性,具体指标变动如下:

(1)在"创新型经济"指标中增加高技术产业产值占地区GDP比重,以进一步凸显创新成果;(2)为突出上海国际化水平,将"服务型经济"指标维度中的"城市会展业展览数量"和"城市会展业展览面积"替换为"城市会展业举办国际展览次数"和"城市会展业国际展览面积";(3)在"开放型经济"指标维度中,进一步增加对外承包工程和劳务开放度指标,即增加对外承包工程实际营业额与城市GDP比值、对外承包工程和劳务派出人员数;(4)在"总部型经济"指标维度中,进一步增加跨国公司地区总部数量(累计)指标;(5)在"流量型经济"指标维度中,增加"信息传输、软件和信息技术服务业、全市各项技术合同项目数、全市各项技术合同成交额"指标,由于数据时间连续性问题,去掉"中国泛电子商务公司数量、泛电子商务公司总市值、城市人才吸引力排名、数字经济指数"指标。

2. 协调度模型

利用协调度模型可以分析上海创新型经济、服务型经济、开放型经济、总部型经济和流量型经济5个子系统的协调度。参考薛红霞等(2010)及相关学者研究,建立如下协调度模型:

$$H_t = 1 - \frac{SD_t}{A_t}$$

其中,H 表示上海五种类型经济发展的协调度,t 为年份,SD 表示前文基于熵值法测度出的各类型经济水平得分的标准差,A 表示前文基于熵值法测度出的各类型经济水平得分的均值。H 值越大,说明上海的经济系统内创新型经济等五种类型经济配合程度越高,协调性越好;反之则越差。

由于学界对不同系统经济类型协调度等级划分尚未形成统一定论,本小节借鉴相关经济领域协调度划分结果,同时根据上海"五型经济"典型发展特征和现实状况,将上海的协调度划分为如表 2.18 所示的四个等级。

表 2.18 协调度等级划分

协调等级	不协调	初级协调	中级协调	高度协调
协调度	[0, 0.4)	[0.4, 0.6)	[0.6, 0.8)	[0.8, 1.0]

资料来源:作者自制。

2.4.2 "五型经济"及其细分类型的动态趋势

基于熵值法测度的 2015—2021 年上海"五型经济"及其各细分类型经济的动态趋势如图 2.13 所示。

时间趋势上,2015—2021 年上海"五型经济"总体水平(综合得分)呈现出持续攀升态势,说明上海"五型经济"发展不断取得成效,有效支撑了上海"五大中心"建设,强化了"四大功能"的实现。在全球经济重心东移趋势下,上海大力发展"五型经济"有利于其成为国内大循环的中心节点和国内国际双循环的重要战略链接支点,更好地融入和服务中国新发展格局。

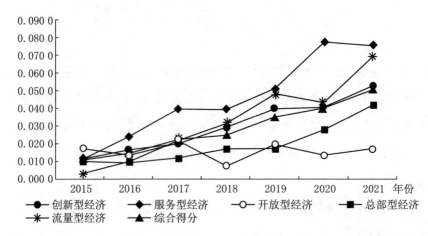

图 2.13　2015—2021 年上海"五型经济"及其细分类型经济动态趋势

资料来源:作者依据测度数据制作。

　　具体到"五型经济"中的五个细分类型经济,可以看出,2015 年以来,除开放型经济和总部型经济增长较为缓慢外,流量型经济、服务型经济和创新型经济均呈现出高速增长态势,尤其是流量型经济发展较为迅猛。截至2021 年,上海的流量型经济、服务型经济和创新型经济均高于"五型经济"总体水平,而总部型经济和开放型经济水平则低于"五型经济"总体水平。究其原因,在流量型经济方面,得益于上海发达的空港、海港等航运硬件设施与便利的国际服贸、会展平台和市场,以及快速发展的 AI、大数据和云计算等数字优势,加速了人流、物流、信息流、资金流和技术流等要素流量扩容增能,在上海集聚和增值,尤其是上海客、货运周转量,交通运输,仓储和邮政业,信息传输、软件和信息技术服务业,金融业,技术合同项目数和成交额等高速增长。在服务型经济方面,据《中国展览数据统计报告》显示,上海已持续多年在国际展览次数和面积方面居于中国城市第一位。此外,重在突出高端生产性服务业的 GaWC 世界城市连通性排名中上海已跃居至全球第 5名、中国第 2 名(第 1 名为香港)。而《新华·波罗的海国际航运中心发展指数报告》显示,上海在全球十大航运中心中由 2015 年的排名第 6,到 2020—2021 年蝉联国际航运中心第 3。创新型经济方面,近年来上海在建设全球科技创新中心和强化科技创新策源功能上持续提升支持力度,R&D 投入强度[①]已由 2015 年的 3.48% 增长到 2021 年的 4.1%,在综合专利申请量和授权量产出方面不断攀升。对于发展水平低于上海"五型经济"总体水平的开放型经济和总部型经济而言,近年来受国际经贸环境以及新冠疫情影响,上海进、出口贸易波动较大,增长幅度减缓,而外资依存度[②]、对外承包工程和劳务合作方面亦出现不同程度波动。在总部型经济方面,截至 2021 年底,上海市认定的跨国公司地区总部累计达到 831 家,另有外资研发中心累计达到 506 家。[③]然而,尽管上海跨国公司地区总部、上市公司数量[④]、规模以上工业企业数均在增长,但受规模以上工业企业利润总额波动下降趋势的拖累,上海总部型经济整体增长缓慢。

2.4.3 "五型经济"细分类型协调性分析

2015—2021 年上海"五型经济"的五种细分类型经济协调程度如表 2.19 所示。根据协调度测度结果和划分等级,2015—2021 年上海"五型经济"中创新型经济、服务型经济、开放型经济、总部型经济和流量型经济的协调度总体上在 0.60 附近波动变化,除 2016 年和 2021 年表现为中级协调外,其余年份均呈现初级协调状态。上海"五型经济"子系统间融合发展态势有待进一步优化。

---

① 指 R&D 投入金额与地区 GDP 比值,数据来源于《2021 上海科技进步报告》。
② 指实际利用外商直接投资与地区 GDP 比值。
③ 数据来源于上海市统计局官网的统计年鉴和统计公报资料。
④ 以上市公司注册地城市划分。

表 2.19　2015—2021 年上海"五型经济"协调度

年份	协调度	协调等级
2015	0.59	初级协调
2016	0.64	中级协调
2017	0.60	初级协调
2018	0.55	初级协调
2019	0.59	初级协调
2020	0.48	初级协调
2021	0.60	中级协调

资料来源:作者依据测度结果整理制作。

　　根据前述 2015—2021 年上海"五型经济"各细分类型动态趋势可以判断出,之所以上海 2016 年"五型经济"子系统呈现出较高的中级协调状态,主要源于创新型经济、服务型经济、开放型经济、总部型经济和流量型经济中大多类型增长态势较为相近,差异分化不明显。此外,2020 年"五型经济"子系统间协调水平下降较为严重,其重要原因便是新冠疫情对上海贸易、经济等多方面产生严重影响,导致"五型经济"的五个细分类型经济增长态势出现较大分化。不过,目前上海"五型经济"各方面正在逐步复苏,尽管 2021 年上海开放型经济发展水平仍严重滞后于流量型经济、服务型经济、创新型经济和总部型经济发展水平,且服务型经济呈现下降趋势,导致"五型经济"整体协调度水平略低于 2016 年,但总体上"五型经济"子系统间协调水平仍呈现上升态势,高于 2020 年的协调水平,表现为中级协调。

　　未来,上海在大力强化提升创新型经济、服务型经济和流量型经济发展水平的同时,还应重点关注并提升开放型经济和总部型经济发展水平,这不仅影响到上海"五型经济"的全面发展,也关乎上海提升全球创新资源配置能力的实效,还特别关系到上海全球创新资源配置主体和方式。

2.4.4 上海"五型经济"发展的制约瓶颈及发展对策

依据"五型经济"提升全球创新资源配置能力典型城市的剖析和对比,上海具有全球典型城市的某些共性特征,但也存在不足,在"五型经济"发展上存在广阔的提升空间和发展潜力。目前其主要制约瓶颈和发展对策见表 2.20。

表 2.20 上海"五型经济"发展的制约瓶颈及发展对策

对比领域	制约瓶颈	发展对策
综合实力	就全球对比而言,四大全球城市伦敦、纽约、东京、巴黎稳居全球综合实力前四位。上海在全球各类综合实力排名中居第 10 位左右。城市品牌是主要制约瓶颈。城市品牌更能体现出城市在发展过程中传达给大众的形象、社会认可及基于城市的文化底蕴、地理环境、资源和产业优势等要素提炼出来的综合竞争力。	上海在关注经济能力的同时,更应注重文化旅游、行政管理、居住生活、城市声誉和人才创新等方面的城市软实力,不断提升城市的品牌价值。
"五型经济"整体	就全球对比而言,上海"五型经济"已跻身全球顶尖城市第一梯队,但在创新型经济和总部型经济方面相对落后,差距较大; 就国内对比而言,上海"五型经济"的整体排名居国内主要城市第二(第一是北京),上海的创新型经济和总部型经济落后于北京; 就内部协调性而言,上海的开放型经济和总部型经济发展相对滞后。	综合而言,目前上海应重点发展创新型经济和总部型经济,以提升"五型经济"整体排名。
开放型经济	就全球对比而言,目前上海开放型经济发展水平处于全球领先行列,需保持领先地位。	上海作为中国对外开放的"排头兵",基本形成高水平开放格局,但在打造让外资"生根发芽"且公平竞争环境(营商环境和人居环境)方面还有进一步提升空间。

续表

对比领域	制约瓶颈	发展对策
服务型经济	就全球对比而言,上海在高端服务业态品牌培育方面,与伦敦、纽约相比,还需要进一步提升服务能级。	上海应重点加强高端服务业,特别是专业服务业的能级提高。重点引进和培育龙头企业,特别是科技服务业的领军企业,加大服务长三角和全国的辐射半径,以提供更好的公共服务体系配套服务。
流量型经济	就全球对比而言,上海在智慧基础设施、智慧创新方面相对落后,尤其智慧基础设施是线上流量经济发展的平台支撑,在"五型经济"发展中起基础性作用,较伦敦和纽约相比还需要进一步提升。此外,上海在高端人才、数据、技术等新型要素的控制能力上有所欠缺。	流量是上海实现资源全球化配置的关键因素,对流量要素拥有定价权是资源配置的最重要一环。上海一方面应加强对流量型经济发展的基础设施建设,另一方面应强化对各类流量的定价交易和配置功能。
总部型经济	就全球对比而言,在总部型经济方面,伦敦、东京、纽约和巴黎四大全球城市具有领先优势,而中国主要城市中除北京具有一定竞争力外,上海在总部型经济方面与四大全球城市相比存在一定差距。	上海应加强服务总部型经济的水平。与总部机构发展相关的中介服务、公共服务及人力资源等支撑服务能力有待增强。例如,全球排名前10的专业服务业跨国公司,目前尚未入驻上海;全球排名前50的律师事务所,目前没有一家入驻上海。 同时,上海应加大对内资的支持力度,出台精准化、针对性的总部支持政策。
创新型经济	就全球对比而言,目前上海在创业创新生态系统中存在连通性不足问题,跟纽约、伦敦相比还存在较大差距; 就国内对比而言,上海的创新强度和创新资源集聚度落后于北京。	目前上海企业创新通常会设立自有研发中心,创新力量极度分散且重复设置,导致创新生态系统中连通性不足。建议组建基于市场机制运作的创新联合体,加强创业创新生态的连通性,并集聚更多创新资源。

资料来源:作者自制。

第3章

上海发展"五型经济"提升全球创新资源配置能力的路径及模式

3.1 发展思路

3.1.1 宏观层面思路

"五型经济"与数字经济联系紧密,通过加快上海数字化转型提升全球城市典型的"五型经济"相关指标(如总部指标、流量指标、开放指标、创新指标和服务指标等),增强上海对全球创新资源的影响力、控制力和竞争力。"五型经济"本身面临数字化转型,数字化转型反过来又推动"五型经济"做强、做优。抓住数字经济与实体经济深度融合发展的契机。具体举措包括如下几方面。

(1)建设"国际数字之都"。上海正在全面推进城市数字化转型,努力打造具有世界影响力的"国际数字之都"。政务服务方面,上海的探索走在全国前列。上海政务服务"一网通办"已纳入政务服务事项2 734项,实名用户4 080万。同时,城市运行"一网统管"的基本架构已经搭建完成,累计开发的应用场景达 3 000 个。"两张网"("一网通办"和"一网统管")是上海建设"国际数字之都"数字化转型的成功实践。未来,上海还将在经济、生活和治理等多领域进行探索。

(2)打造多元化数字平台。围绕研发设计、生产制造、应用服务等关键环节,上海积极培育工业互联网平台生态,着力破解平台开发与应用落地脱节等突出问题。进一步加强人工智能技术在制造业领域的广泛应用,深入推进智能车间和智能工厂建设,不断提升制造业的数字化经营能力和智能化管理水平,实现生产、管理实时监控。构建公平、规范的数字市场环境,引导市场力量建设垂直产业领域的专业数字平台,助力数字科技与各类应用场景对接融合。

(3)推进薄弱环节行业的数字化转型。上海鼓励传统产业与"新基建"在设备设施、生产流程等软硬件方面多维度融合,支持质量标准委员会根据产业数字化内容重塑行业标准和业务体系,引导中小企业合作推动产业链各个环节的数字化再造。

(4)推进更广泛的数据开放共享。2021 年 11 月,上海出台《上海市数据条例》,自 2022 年 1 月起正式施行,为上海推进更广泛的数据开放共享提供保障。上海将在数据要素市场、数据资源开发与应用等领域继续探索,为数据跨境流动积累经验,积极打造数据跨境流动国家试点城市和国家数字服务出口基地。同时,统筹政府网上系统对接整合,加快构建全市集中管理、统一发布、动态更新、共享使用的数据资源目录体系。

3.1.2 微观层面思路

通过提升上海企业在全球布局中的收益和辐射能力,特别是加快培育本土跨国公司头部企业在上海的带动作用,促进"五型经济"发展和能级提升。鼓励上海本土企业"走出去",走出上海,走出国门,面向全球配置创新资源,培养上海企业代表中国参与创新资源国际竞争合作与交流的能力。特别是加强对生产性服务企业的最高端、最具影响力和辐射力的价值链节点环节布局,实现对集成电路、生物医药、人工智能等高附加值领域的提质增效,使上海能够满足全球企业需求。

3.2　产业布局

嘉定、青浦、松江、奉贤、南汇五大新城环绕在上海中心城区周边。它们一面通过轨道交通与主城区相连,一面辐射更为广阔的长三角腹地。"十四五"期间,五大新城将成为上海的重点建设区域。上海将通过集聚各类产业要素和公共服务配套,加快"五大新城"建设。为此,上海可依托"五大新城"的基础产业优势,优化上海"五型经济"产业布局,详见表3.1。

表 3.1　"五型经济"与"五大新城"产业布局

"五型经济"	"五大新城"重点产业布局
创新型经济	**松江新城**依托长三角 G60 科创走廊,建成国际影响力的科创走廊和重要科技创新策源地。 **青浦新城**依托华为研发基地等数字经济载体,发展高附加值的创新型经济,重点在颠覆性技术方面加快形成突破。
服务型经济	**南汇新城**依托现代高端服务业培育计划,重点在金融开放和跨境资金自由流动方面先行先试,建设高能级金融要素平台、国际金融资产交易平台等,通过打造"滴水湖金融湾",形成上海国际金融中心建设的新地标。 **嘉定新城**继续做大"汽车嘉定"品牌,提升能级形成汽车产业的全产业链,打造成为全球汽车产业的核心承载区、长三角新能源智能汽车"服务型经济"的新标杆。

续表

"五型经济"	"五大新城"重点产业布局
总部型经济	**奉贤新城**抓住临港新片区建设重大机遇,依托"东方美谷"集聚更多生产性服务企业总部,形成生物医药总部型经济的集聚高地,基本建成国家级水平的中小企业和高新技术企业总部集聚区。 **南汇新城**实施"总部激励计划",集聚各类总部机构超过 50 家。提升航运服务能级,发展离岸贸易、数字贸易、跨境电商等服务业总部。以数字经济发展带动全球数字经济创新岛建设,加快数字经济总部的落户,打造国际数据港。
开放型经济	**松江新城**打造高铁时代"站城一体"与"四网融合"的枢纽之城。深化以松江枢纽为核心的国家高铁网、轨交地铁网、有轨电车网和地面公交网"四网融合"。充分依托"松江枢纽"服务长三角、联通国际的枢纽功能,建设"站城一体"中央商务区。
流量型经济	**南汇新城**借助上海城市数字化转型,大力发展流量型经济。例如,通过构建不同场景的综合交通治理体系,发展基于流量型经济的数据平台。 **松江新城**发挥全国首个国家级新型工业化产业示范基地的先发优势,率先建成长三角 G60 科创走廊工业互联网生态链。形成全区统一的城市数智底座和超级城市大脑,提供多元化、个性化智慧服务,推动形成开放的长三角 G60 科创走廊数字城市应用场景,增强"一网通办""一网统管"服务效能,建设智慧城市、数字城市。通过数字城市建设,为流量型经济发展提供支撑。

资料来源:作者依据五大新城"十四五"发展建设行动方案整理而得。

3.3 发展模式

3.3.1 引力模式——需求端

在需求层面依托国内国际开放市场,打造强大的需求引力场,进一步提供更便利的入口、平台、设施和通道,切实推进技术、人才等自由流动,促进国内外各类高端要素集聚上海。

"五型经济"通过引力模式在需求端吸引各类要素。这要求时刻关注"五型经济"相关要素流量水平新变化,更要运用流量思维的新打法,在吸引、运作、创造、配置相关要素效率和能级上下功夫,推动"五型经济"向高频流动、高效配置、高效增值的方向发展。

从需求端入手,重点关注城市、产业和人口的需求配置和效率。在城市方面,上海要当好长三角城市群的"龙头",促进"五型经济"各类要素在长三角城市群的引领带动;在产业方面,上海要在"卡脖子"技术上补短板,在"杀手锏"上锻长板,通过发展先导产业实现突破;在人口方面,培育和吸引"五型经济"所需的各类高端人才,给人才发展营造一个宜居的生活环境。

3.3.2　集聚模式——供给端

通过集聚将给"五型经济"发展提供高质量和巨能量的空间,这些空间将形成各自领域的发展高地,包括创新高地、开放高地、服务高地、总部高地和流量高地等,为"五型经济"发展形成各自的标准或话语权,构建"五型经济"集聚发展格局。

首先,以集聚提能级。上海应利用各类国家级和市级园区(自贸区、开发区、科技园等)以及进博会等平台集聚引进高端资源要素,以一流营商环境和城市软实力集聚大量高端生产性服务业,提升"五型经济"能级。以陆家嘴金融城为例,得益于陆家嘴不断优化的营商环境和日益完善的配套设施,总部型经济对陆家嘴经济的贡献度,以及对陆家嘴外资项目集聚的加速度,正在日益凸显。340 多家世界 500 强企业在陆家嘴区域都设有机构,头部企业集中度高度显现。在税收方面,总部企业平均每户纳税近亿元。陆家嘴金融城吸引高能级总部机构集聚,大力拓展总部型经济产业链,加速形成产业集群,全面优化总部型经济发展生态。未来,陆家嘴要打造高能级的全球总部高地平台,搭建长三角总部企业高质量发展联盟,借力长三角一体化区域合作协同机制,加速推进长三角企业总部功能向浦东集聚,营造"陆家嘴—长三角"总部生态圈。

其次,提升资源要素整合能力。基于上海"五大中心"建设和全球价值链节点优势,提升创新资源要素整合能力,增强上海对全国乃至世界范围内的辐射能力和要素国际化"控制力"。例如,国际金融中心建设要增强全球金融资源配置的能力,国际贸易中心建设要全方位提高统筹利用全球市场的能力,国际航运中心建设要更加注重提升高端航运服务功能等;同时,还应集聚更多国际化流量型平台,通过数字化发展促进生产要素的流动和增值。

3.3.3 虚实结合模式——应用端

在数字经济转型背景下,虚拟和实体结合已是未来社会经济发展趋势。在应用层面,虚拟网络和实体网络均为"五型经济"体系下要素流动的重要渠道。依托上海得天独厚的国际贸易条件,利用数字化推进实体网络与虚拟网络融合发展,形成与国际接轨的高水平数字贸易开放体系,有助于上海完善"五型经济"发展格局。

推动实体经济数字化转型。引导机械制造等实体企业进行数字化改造,推动企业在研发设计、组织管理、产品生产、产品营销、售后服务等方面实现全流程数字化改造,评选数字化转型示范企业以形成示范效应,打造数字化产业和区域集群。深入实施"互联网+""大数据+"工程,推动数字技术与实体经济深度融合。通过数字化转型,拓展、扩大要素流动空间,提升要素跨区域、跨空间匹配时间和效率,实现要素创新由封闭向开放跨越。

打造数字贸易开放创新体系。数字贸易已成为全球经济增长的重要驱动力,也是全球城市竞争的新焦点。在推动数字经济的国际化和外向型方面,数字贸易是重要的载体,特别有助于落实国家的重大战略。从应用层面而言,数字贸易是虚拟和实体结合的最好代表。上海应聚焦云服务、数字内容、数字服务的行业应用、跨境电子商务等重点领域,以虹桥商务区为核心发展区域,建设数字贸易跨境服务集聚区,打造数字贸易开放创新体系。

加强虚拟和实体的结合。通过虚拟化和网络化平台,促进线下实体与线上虚拟有机结合,推动高质量"五型经济"要素跨区域、跨产业链、跨价值链的流动和集聚,实现存量向流量转变,推动"五型经济"的科创人才集聚、品牌升级、总部增能、枢纽通道强化和要素流量增值。

第4章

上海发展"五型经济"提升全球创新
资源配置能力的重点及平台

4.1 发展重点

4.1.1 创新型经济——补短板

面对新一轮产业革命和技术变革浪潮,上海在创新型经济发展方面拥有科技人才储备丰厚、基础科学底蕴扎实、技术研发能力较强等重要优势。相较而言,上海的短板在于:创新资源投入强度不足、创新型企业培育高度不够、创新型人才吸引力不强、创新创业活跃度欠缺等,有些方面甚至已成为瓶颈短板。

上海亟须突破一批卡脖子技术,主要包括:生物医药产业要重点补好成果在地转化率不高、财力支持不足的短板,推动更多成果加速在地产业化;人工智能产业要加快补齐产业链,积极推进人工智能在城市管理、研发设计、金融、医疗等领域的应用,培育一批头部企业;集成电路产业的"卡脖子"领域最多,要着力在芯片研发设计,10 纳米以下生产工艺,EDA 软件、光刻机、离子注入机等工具和设备,以及高端硅晶片、高端光刻胶、抛光液等高端材料领域重点突破。

以华为、阿里、腾讯等为代表的企业,已经成为引领中国发展的生力军甚至主力军。而民营企业一直不是上海创新的主力军,这导致上海企业研发投入占全社会研发投入比重落后于全国平均水平,远低于深圳。因此,要加快推动创新资源市场化配置,大幅增加向民营创新型企业配置比重,推动一批有潜力的民营创新型企业快速发展壮大。建立更加科学透明的创新资源配置市场化机制,鼓励科技型行业协会等社会组织开展对高新技术企业认定的辅导、咨询、培训。确立中介机构、科技创新服务机构等在创新资源配置中的引导作用,以及专家在创新资源配置中的决策作用,减少政府干预。

4.1.2　总部型经济——培业态

上海已经成为跨国公司地区总部最为集聚的城市之一。在继续大力吸引跨国公司地区总部落户的同时,也要看到,随着新技术的蓬勃发展和应用,一大批新锐民营科技企业正在迅速成长为行业翘楚,并加快在全球布局拓展,成为中国新型跨国公司力量的典型代表。上海发展总部型经济,要积极培育两类新的总部型经济业态。

首先,上海应培育民营企业总部,重点吸引进入中国 500 强、世界 500 强、中国民营企业 500 强、中国民营企业制造业 500 强、中国民营企业服务业 100 强的民营企业在上海设立总部,或投资、运营、营销、财务结算等总部型功能机构。同时,上海要充分发挥户籍政策的激励和导向作用,通过居住证积分、居转户和直接落户等梯度化人才引进政策体系,大力支持民营企业总部引进所需的高级管理人员、专业技术人才、有特殊贡献者等各类优秀人才。此外,上海还要对民营企业总部提供融资支持、设立财务公司、外汇便利以及外籍人员汇兑便利等政策服务,对民营企业总部引进人才在子女入学、医疗保障、申请人才公寓等方面提供便利。

其次,上海应抓住人工智能、5G、互联网、大数据、区块链等技术快速发展机遇,加快培育一批掌握核心技术、拥有自主知识产权、具有国际竞争力的高成长性创新企业,大力吸引龙头型科技企业在沪设立总部或研发运营总部机构。同时,应进一步放宽对科技企业的总部认定标准,将成长性较快的"独角兽"企业和部分准"独角兽"企业纳入总部认定范围。此外,还应着力营造有利于科技型企业总部和科技人才发展的良好生态环境,打造绿色、智慧、开放包容的科技型企业总部园区。

4.1.3 服务型经济——提能级

服务业是上海经济增长的主要支撑,也是城市产业升级、创新发展和功能提升的重要引擎。上海服务型经济占地区 GDP 的比重虽然没有北京高,但却拥有较为扎实的发展基础,金融、贸易、航运及各类专业服务业发展势头良好,服务业外向度处于全国领先地位。但也要看到,与中央对上海的定位和要求相比,上海的服务型经济还有比较大的提升空间,还需要加快提升其为长三角、长江流域和全国服务的能级。

加快发展高端服务业。高端服务业具有现代服务业的核心特征,如高附加值、高科技性、高开放度、高带动性等。要着力提升上海高端服务业的竞争力、附加值,大力发展金融服务、科技服务、总部型经济等。上海应构建与国际标准接轨的高端服务业体系,打造一批高端服务业品牌,培育一批高端跨国服务业企业,最终形成具有国际竞争力的高端服务产业。

　　积极培育数字服务业。随着人工智能、云计算、大数据等具有爆发力和引领力的新技术在服务业领域的广泛应用,生活性服务业数字化趋势已不可阻挡,并催生出淘宝、美团、叮咚买菜等一批头部企业。同时,科技研发、第三方物流、服务外包等生产性服务业在加快拥抱数字化,大量生产性企业也在大力发展产业互联网,积极研发云上平台。要抓住机遇,加快 5G、物联网、区块链等新技术的转化应用,积极培育信息服务、数字文创等数字服务业,促进传统服务业数字化转型和价值链重构。

4.1.4　开放型经济——拓空间

　　上海自 20 世纪 90 年代以来,以浦东开发开放为引领,始终站在中国对外开放的最前沿,率先承接国际高端资源要素导入,坚持以开放引领经济发展和城市功能提升,以开放倒逼各方面改革创新突破,实现开放型经济的跨越式发展,成为外资最为青睐的投资目的地之一。当前,随着《区域全面经济伙伴关系协定》(RCEP)、《全面与进步跨太平洋伙伴关系协定》(CPTPP)等国际最新贸易规则的推进,中国正从要素流动型开放向规则制度型开放转变,从以制造业开放为主加快向以服务业开放为主转变。上海发展开放型经济,需要充分发挥浦东引领区、虹桥国际商务区、临港新片区等重大开放载体的作用,积极对标 RCEP 等全球贸易规则。

　　加快推进制度型开放。在继续深入推动商品和要素流动型开放的同时,上海应把制度型开放作为扩大服务业开放、建设更高水平开放型经济新体制的重要引擎,在规则、规制、管理、标准等方面,加快形成与国际先进规则相衔接的制度创新和要素供给体系,推动上海经济增长从依靠人口、土地等传统红利加快向制度红利转变。同时,通过积极对接和融入国际规则、标准等,形成上海在国际上制定标准的话语权,在重要领域逐渐形成上海的

"标准""价格"和"规则"等。

加快推进服务业开放。上海应加快落实扩大开放"100 条"、服务业开放"40 条"和上海服务业发展"十四五"规划等政策,积极推进金融、贸易、文化、专业服务、信息服务、教育、医疗等服务业重点领域开放,进一步放宽服务业外资市场准入限制。特别是,结合 2021 年出台的《上海市服务业扩大开放综合试点总体方案》,在电信、互联网、医疗、交通运输、文化、教育等重点领域积极探索服务业高质量开放的新业态、新模式、新路径。在全球范围内吸引服务业发展的优质要素流入,吸引更多国际资本、跨国公司来沪投资兴业,支持本地服务企业开展全球化战略布局,全面增强上海配置全球资源要素的能力。

4.1.5 流量型经济——增价值

流量型经济是全球创新资源配置的主体之一。上海作为重要的港口城市、枢纽城市、节点城市,在发展流量型经济方面具有得天独厚的优势。2022 年,上海金融市场的交易总额实现近 3 000 万亿元,同比增长约 20%;上海港集装箱吞吐量突破 4 730 万标准箱,已经连续 13 年排名世界第一,上海已成为名副其实的"流量之城"。发展流量型经济,不能仅仅关注做大流量,更要关注如何把流量转化为价值。

上海应完善主要由市场决定的要素价格机制,逐步扩大要素市场化配置范围。发挥好网络节点枢纽作用,积极促进各类资源要素在上海重组、整合、加工、增值,优化要素配置,提升要素区域内价值,增强要素对外服务能级。现阶段,上海应充分利用长三角一体化政策,集聚长三角及周边各类流量要素,实现流量增值。同时,要防止把流量视为通道,把流量型经济做成通道型经济,忽视流量区域内价值的提升。

4.2　支撑平台

发展"五型经济",需要为创新资源运作提供必要的设施、场所和市场等支撑平台。一般而言,"五型经济"的支撑平台包括基础平台、交易平台、服务平台和展示平台四大类。

基础平台是企业完成创新资源要素在地区空间的移动所必须具备的硬件设施。目前,上海应健全完善自贸区、开发区、科技园、海港、空港、铁路、公路的信息化设施以及办公居住场所等特色硬件平台,努力成为全球资金、信息、人才、货物和科技等要素的重要承载地;强化信息、通信和互联网技术(ICITs)和互联网平台等"五型经济"发展壮大的硬件技术载体建设,加速要素信息的共享与传递。

交易平台主要是指"五型经济"的要素市场体系,通常由商品市场、资本市场、期货市场、技术市场和人才市场等构成。现阶段,上海应加快要素所有权在不同所有者之间流动,包括通过市场交易平台促进要素流动、提高市场运行效率、提升要素流动规模等。此外,上海应采取有特色、行之有效的政策和措施吸引跨国公司总部进入,充分利用跨国公司总部对城市经济发展的推介展示平台作用,提升上海全球影响力与"五型经济"要素吸引力。

服务平台就是为"五型经济"相关要素的交易和流动提供配套服务的市场中介组织体系。目前,上海应完善政府、企业、平台高效对接,为"五型经济"发展提供高效便捷、功能齐全的公共服务。例如,为涉外经济主体提供公共服务和贸易信息等多样化的涉外服务;对接全球最高公共服务标准,从专业服务领域提供配套服务的市场中介组织体系,包括法律查明和律师服务、商事纠纷调解和仲裁、财务会计和审计服务,以及资产评估、企业咨询机构等,为"五型经济"发展保驾护航。

"五型经济"作为一种全新的经济形态,需要通过国际展示才能吸引和集聚"五型经济"发展的创新、开放、流量、服务和总部等全球要素,所以搭建"五型经济"国际展示平台能有效放大"五型经济"的全球影响力,意义重大。新时代,浦东社会主义现代化建设引领区、上海自贸试验区临港新片区、虹桥国际商务区和长三角一体化发展示范区在上海对外开放中发挥着不可替代的重要作用,将这些区域打造成为"五型经济"对外展示平台有利于快速吸引和集聚"五型经济"全球要素资源,促进"五型经济"快速发展。现阶段,通过这些区域的联动发展,形成"多区联动"的格局,能有效拓展"五型经济"发展的空间,包括浦东社会主义现代化建设引领区的资源配置空间、上海自贸试验区临港新片区的制度创新空间、虹桥国际商务区的业务发展空间和长三角一体化发展示范区的地域合作空间。

第5章
"五型经济"提升上海全球创新资源配置
能力的突破口——总部型经济

总部型经济是上海"五型经济"中最具象、最实在的发展优势和突出功能。目前,上海已成为国内跨国公司地区总部最为集聚的城市之一。此外,在"五型经济"中,总部型经济具有独特和重要的地位,它不仅是一种组织形态,也是一种空间形态,更是全球创新资源配置的主体,对全球创新资源配置具有重大影响。由"五型经济"基本规律可知,跨国公司总部的进入将直接带来开放型经济、总部型经济、流量型经济的发展,间接带来服务型经济和创新型经济的发展。可见,跨国公司总部将直接促进"五型经济"的整体发展。基于此,本书认为,上海应以总部型经济作为发展"五型经济"的突破口,提升全球创新资源配置能力,同时带动上海"五型经济"整体发展。

5.1 总部型经济与全球创新资源配置能力的关系

总部型经济通过迁移与集聚嵌入全球城市网络,进而提升全球创新资源配置能力。总部型经济的迁移与集聚是资本、技术、人才、信息、服务、产品等各种创新要素资源在全球城市网络中拓展与集聚的主要载体,对各种网络基础资源以及战略资源的追逐则是总部型经济迁移与集聚的主要动因。可见,总部型经济迁移与集聚是为了追求全球创新资源要素,而全球创新资源要素的拓展与集聚则强化了总部型经济的形成,总部型经济与全球创新资源配置能力之间具有相辅相成的关系。

总部型经济与全球创新资源要素配置能力之间的关系受到多种因素的影响,总部型经济迁移与集聚能力的核心是满足总部型经济发展需求的能力,本章构建了包含战略资源、全球联通、科技创新、营商环境、生活环境等五个方面的核心要素,这些核心要素是联系总部型经济与全球创新资源配置能力之间的纽带,是总部型经济绩效的体现,更是提升全球创新资源配置能力的核心(见图 5.1)。

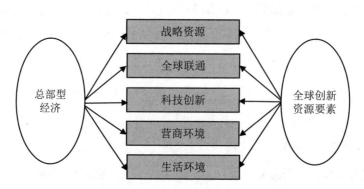

图 5.1 总部型经济与全球创新资源要素之间的关系

5.1.1 战略资源

战略资源既是城市吸引全球创新资源要素的关键,也是引发总部型经济跨区域迁移与集聚的重要动因。城市的战略资源主要包括市场吸引力、

表 5.1 吸引总部型经济的全球创新资源要素:战略资源

	构成要件	核 心 定 义
战略资源	市场吸引力	市场吸引力体现了城市及其腹地的市场规模,是跨国公司实现规模经济的基本前提
	金融资源配置力	金融资源配置力体现了城市在世界金融领域的支配力和影响力
	城市体系等级	城市体系等级反映了城市获得政策优势、制度优势、信息优势和社会资本优势的能力
	城市声誉	城市声誉是城市间争夺投资和高端人才等高流动性战略资源的有力武器,良好的城市声誉是简化功能性机构选址决策、降低选址风险和提升选址溢价的重要保障

资料来源:作者自制。

金融资源配置力、城市体系等级和城市声誉,详见表5.1。

5.1.2 全球联通

全球联通的深入发展推动了跨国公司总部型经济的区位选择与城市体系布局在全球空间上的互动耦合,处于价值链高端环节的跨国公司的总部型经济往往倾向于向联通水平高的大城市集聚。城市的全球联通能力是城市交通运输和信息通信发达程度的综合体现,可以提高跨国公司人员流动、技术传播和信息沟通的效率,进而有效降低空间距离引发的管理和协调成本,同时有效提高生产性服务业的可贸易性和降低跨国企业间的交易成本,详见表5.2。

5.1.3 科技创新

科技创新对总部型经济集聚与迁移的影响作用日益凸显。城市科技创新主要包括智力资本丰裕度和研发能力两个方面,详见表5.3。

表 5.2　吸引总部型经济的全球创新资源要素：全球联通

	构成要件	核 心 定 义
全球联通	交通运输	交通运输是城市与外界联系的通道，包括陆路、水路、海运和航空等，涉及汽车、火车、轮船和飞机等不同交通工具。由交通运输所构成的网络越是发达，对外联系就越紧密，特别有利于总部型经济的人员来往和对外贸易
	信息通信	现代社会，信息通信已经成为联系全球、获取外部信息最为快捷和通畅的主要方式，直接决定了总部型经济的技术传播和信息沟通效率，有效降低空间距离引发的管理和协调成本，还可以有效提高生产性服务业的可贸易性和降低跨国企业间的交易成本

资料来源：作者自制。

表 5.3　吸引总部型经济的全球创新资源要素：科技创新

	构成要件	核 心 定 义
科技创新	智力资本丰裕度	智力资本丰裕度体现了城市高端人才的数量和质量，处于价值链高端环节的总部型经济均是知识密集型部门，高端人才是其主要生产要素和核心竞争力来源
	研发能力	研发能力主要包括城市的科研投入能力和科研产出水平，它们决定了城市在全球科技创新链上的角色和功能，既是总部型经济全球布局追寻的主要区位要素，也是总部型经济共享创新集聚效应的重要保障

资料来源：作者自制。

5.1.4　营商环境

营商环境是影响总部型经济运营效率的东道国城市商业服务业、总部集聚经济和城市政府保障力等因素的综合体现，详见表 5.4。

表5.4　吸引总部型经济的全球创新资源要素:营商环境

	构成要件	核　心　定　义
营商环境	专业服务业	依赖于咨询、会计、人力资源、广告和法律等多元化商业服务的支持,因此总部型经济倾向于在具有专业服务业优势的城市选址布局
	总部型经济集聚度	总部集聚经济可以通过共享高素质劳动力池、技术匹配效应和知识外溢效应等达到降低成本和提高效率的目的,因此总部型机构和企业家们的集聚程度也是吸引总部型经济入驻的重要因素
	制度性因素	企业开办便利程度、税负水平、通关便利程度和知识产权保护水平等制度性因素均影响总部型经济的盈利水平和运营效率

资料来源:作者自制。

5.1.5　生活环境

总部型经济的集聚与迁移往往伴随着高端人才的汇聚与迁移,需要良好的城市宜居环境提供生活保障。总部型经济的雇员对生活宜居性的要求既包括环境宜居度和公共服务丰裕性,也包括市内交通便利性等公共服务水平和城市生活成本可承受性,详见表5.5。

表5.5　吸引总部型经济的全球创新资源要素:生活环境

	构成要件	核　心　定　义
生活环境	环境宜居度	环境宜居度是对城市生态环境和文化多样性的整体评价,反映的是对雇员高品质生活需求的满足程度
	公共服务	公共服务反映的是对雇员基本生活品质的保障力
	生活成本	生活成本是对雇员生活品质的一个经济性约束

资料来源:作者自制。

5.2 上海总部型经济结构现状

总部型经济对推动城市经济转型升级、提升城市在全球价值链体系中的地位,特别是对提升全球创新资源要素配置能力具有重要的战略意义。本节将重点对上海总部型经济的结构与绩效现状进行分析,为后续研究奠定基础。

截至 2021 年年底,上海累计设立跨国公司地区总部 831 家,外资研发中心 531 家,继续保持中国内地跨国公司地区总部最为集中城市的领先地位。同时,上海还累计认定民营企业总部 388 家、贸易型总部 233 家。

5.2.1 类别结构

1. 企业性质

外资企业。2021 年,上海新增跨国公司地区总部 56 家。截至 2021 年年底,上海累计设立跨国公司地区总部数量 831 家。

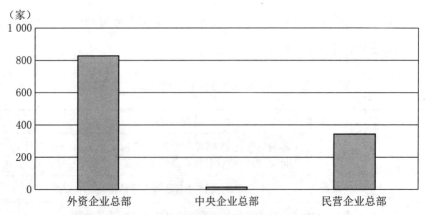

图 5.2 上海总部型经济企业性质(截至 2021 年年底)

资料来源:作者整理而得。

中央企业。截至 2021 年年底,上海已经有 8 家央企总部,分别是交通银行、太平人寿保险有限公司、中国宝武钢铁集团有限公司、中国商用飞机有限责任公司、中国东方航空集团有限公司、中国远洋海运集团有限公司、中国船舶集团有限公司和中国电气装备集团有限公司。上海的经济在中国处于领先地位,并呈持续上升趋势;同时在经济发达的背景之下,上海具备更加充沛的人力资源和技术储备,为企业后续的发展提供了持续性保障。

民营企业。截至 2021 年年底,上海累计认定的民营企业总部为 388 家。这其中,上海各区主要分布情况为:浦东为 88 家,占总数的 22.7%;闵行为 42 家,占总数的 10.8%;青浦为 37 家,占 9.5%。浦东、闵行和青浦分别名列上海第一、第二和第三位。其他各区民营企业总部累计认定数量占比达 57%。

2. 行业类别

总部型经济按照行业类型划分,主要包括批发零售业、制造业、软件与信息服务业、物流仓储业、房地产与建筑业和其他类等行业总部。

在沪跨国公司地区总部主要来自美日欧发达国家,占比高达 79%。就行业类别而言,制造业企业占跨国公司地区总部总量的 71%,主要分布在智能制造、生物医药、集成电路等行业;服务业占比为 29%,主要分布在物流、商贸等行业。值得注意的是,跨国公司地区总部的行业边界在不断扩张,呈现出行业涉及面不断拓宽的现象。比如,2021 年保时捷(中国)汽车销售有限公司将中国总部升级为亚太总部,并在上海新成立融资租赁、赛车贸易和数字科技等三家分公司。

在 2021 年拟认定的 114 家民营企业总部中,批发零售业企业数量和占比最高,分别是 33 家和 28.8%;其次是制造业,数量和占比分别是 27 家和 23.6%;第三为软件与信息业,数量和占比分别是 22 家和 19.2%;第四为物流仓储业,数量和占比分别是 11 家和 9.6%;第五为房地产与建筑业,数量和占比分别是 9 家和 7.8%;其余企业数量和占比分别是 12 家和 10.5%。

3. 运营模式

按照运营模式划分,总部型经济可以分为行政总部(行使跨国公司行政权力,布局区域市场、把握客户资源和调整企业战略等行政职能)和营运总部(服务产品的生产、技术、销售和资金管理等运营职能),从而有利于跨国公司充分发挥不同地区的资源优势,形成城市之间与区域之间高效的分工和合作。

行政总部。跨国公司行政总部更加便于布局区域市场、把握客户资源和调整企业战略。市场是行政总部选址的首要原因,战略选择、营商环境、人才资源是重要影响因素。例如,2016 年玫琳凯(中国)有限公司在上海启用了全新行政管理中心,设立全球行政总部。它是玫琳凯在华投资战略的重要组成部分。

再如,2019 年全球处方药销售额最大、市值最高的制药企业辉瑞集团,将成熟药物业务板块全球管理中心——辉瑞普强(Upjohn)总部落户上海静安,这是跨国药企在中国设立的首家全球行政总部。中国为辉瑞普强提供了巨大的市场空间,站在中国辐射全球市场是辉瑞的战略选择。上海丰富的人才资源、良好的营商环境也吸引了辉瑞选择上海。此外,2019 年冯氏集团在上海正式设立中国行政总部,促进国内外市场业务部门之间的互动,优化及整合资源,开拓及推进业务。2020 年浦东引进了科思创聚碳酸酯事业部全球行政总部,成为第一家经上海市认定的跨国公司事业部全球行政总部,有助于增强其全球资源配置能力,更有效地服务中国市场,辐射亚太地区,引领全球。可见,上海正在成为外资企业行政总部集聚地。此外,在进入中国的全部外资银行中,已有 28 家外资银行(占全国的三分之二以上)指定上海分行作为主报告行,行使行政总部职能。

运营总部。运营总部是顺应经济全球化发展趋势而出现的,为跨国公司全球战略调整和业务整合提供新的运作平台。跨国公司运营总部的主要职能是服务产品的生产、技术、销售和资金管理等。成熟的企业会将运营总部布局在最大限度满足以上职能的区域。

在空间布局上,浦东外高桥是企业运营总部的首选地,集聚了大批企业运营中心。2015 年 8 月,外高桥已经集聚了 52 家经上海市认定的跨国公司地区总部和近 300 家营运中心企业;2020 年年底,上海自贸试验区在外高桥正式开启了"全球营运商计划",计划用 5—10 年时间,培育一批真正意义上的全球营运"头部"企业。已有 41 家来自德国、日本和英国等不同国家的企业首批成功签约入驻,这些企业将在自贸试验区内建设可以覆盖全球业务的高能级功能营运总部。

在上海设有营运中心的领头企业众多,行业分布范围广。例如,在互联网和电商领域,有珐菲琦、字节跳动、新浪、亚马逊;在消费领域,有安踏、甜维你、森马;在医药领域,有华领医药、再极医药、欧米尼医药;在汽车制造方面,有特斯拉、安途、上汽、大众;在航运领域,全球排名前 20 位、占据了超过 70% 市场份额的航运企业中有 12 家把运营总部落户在上海;在金融领域,农业银行、广发银行、恒丰银行和浙商银行等 13 家银行资金运营总部扎根上海。

5.2.2 功能结构

按照功能结构划分,总部型经济主要包括:跨国公司总部、跨国公司地区总部、功能性机构(跨国机构/全球生产性服务企业)、中国本土跨国公司(央企)国际总部和中国总部、中国本土跨国公司(国有企业和民营企业)国际总部和中国总部、国际非政府组织的国际总部和中国总部等。上海总部型经济的功能结构如表 5.6 所示。

表 5.6　上海总部型经济的功能结构(截至 2021 年)

	结构分类	累积数量(家)	名　　单
上海总部型经济功能结构	跨国公司总部	12	中国宝武钢铁集团有限公司、上海汽车集团股份有限公司、中国船舶集团有限公司、苏商建设集团有限公司、上海德龙钢铁集团有限公司等
	跨国公司地区总部	831	小松(中国)投资有限公司、欧姆龙(上海)控制系统科技有限公司、拜耳(中国)有限公司、普莱克斯(中国)投资有限公司、越科(中国)投资有限公司、碧辟(中国)投资有限公司上海分公司、大众汽车变速器(上海)有限公司、帝斯曼(中国)有限公司、索尼(中国)有限公司上海分公司、上海奥的斯电梯有限公司等
	功能性机构(跨国机构/全球生产性服务企业)	504 (外资研发中心)	林肯电气管理(上海)有限公司、达疆网络科技(上海)有限公司、达丰(上海)电脑有限公司、上海西川密封件有限公司等
	中国本土跨国公司(央企)国际总部和中国总部	8	交通银行、太平人寿保险有限公司、中国宝武钢铁集团有限公司、中国商用飞机有限责任公司、中国东方航空集团有限公司、中国远洋海运集团有限公司、中国船舶集团有限公司、中国电气装备集团
	中国本土跨国公司(国有企业和民营企业)国际总部和中国总部	/	/
	国际非政府组织的国际总部和中国总部	6	上海新途社区健康促进社;上海绿根力量信息咨询有限公司;上海映绿公益事业发展中心;上海浦东非营利组织发展中心;上海绿洲野生动物保护交流中心;上海华光青年服务中心

注:总部型经济认定标准依据 2019 年 7 月 25 日发布的《上海市人民政府关于本市促进跨国公司地区总部发展的若干意见》,跨国公司地区总部母公司总资产要求 2 亿美元,跨国公司总部型机构母公司总资产要求 1 亿美元。其中,"/"表示缺乏相关权威性统计。

资料来源:作者自制。

5.2.3 主要结论

新世纪以来,上海总部型经济发展迅速,无论是数量还是能级都大幅提升,位居中国内地前列。就功能结构而言,在沪的跨国公司地区总部和外资研发中心发展尤为迅猛。上海已经成为中国内地跨国公司地区总部和外资研发中心最集中的城市。

上海跨国公司地区总部主要来自美日欧发达国家的企业,约占总量的八成。就行业类别而言,制造业企业占跨国公司地区总部总量的约七成,主要分布在智能制造、生物医药、集成电路等行业;服务业占比约三成,主要分布在物流、商贸等行业。值得注意的是,跨国公司地区总部的行业边界在不断扩张,呈现出行业涉及面不断拓宽的现象。

就功能性机构而言,以外资研发中心为代表的功能性机构异军突起,引领跨国投资、资金管理、采购、营销、物流、支持服务等职能的其他功能性机构迅速发展,成为继跨国公司地区总部后发展最为迅速的在沪总部型经济类型。

5.3 总部型经济国际对标研究

本部分分别从跨国公司总部、跨国公司地区总部、国际非政府组织总部和功能性机构等维度,对国际主要城市总部型经济进行对标分析。

5.3.1 跨国公司总部

2022 年《财富》世界 500 强企业榜单显示,全球共有 11 个国家拥有 5 家以上的世界 500 强企业,分别是:中国、美国、英国、法国、德国、日本、韩国、瑞士、荷兰、加拿大、印度。其中,中国(含香港)共有世界 500 强企业 136 家,美国有 124 家;全球拥有世界 500 强企业最多的 10 座城市分别为:北京、东京、纽约、首尔、上海、伦敦、巴黎、深圳、杭州、香港。

2022 年,上海实际使用外资 239.56 亿美元,同比增长 0.4%。新增跨国公司地区总部 60 家、外资研发中心 25 家,总部的资源集聚和辐射作用持续发挥。图 5.3 为 2022 年《财富》世界 500 强企业总部分布情况,其中,北京跨国公司总部数量居首位,为 54 家;东京跨国公司总部数量居第二,为 36 家;纽约、首尔分别为 17 家和 13 家,位于第三和第四名,上海为 12 家,位于第五名。

根据跨国公司总部全球城市分布情况可以发现,世界 500 强企业总部分布呈现分大洲集聚模式,各个集聚点分布在亚洲、北美洲和欧洲。在亚洲,北京为全球世界 500 强企业总部数量最多的城市,2021 年有 59 家企业上榜,2022 年有 54 家。北京的世界 500 强企业数量多的主要因素是中国的央企大多位于首都,总部型经济成为北京经济发展的重要特征。

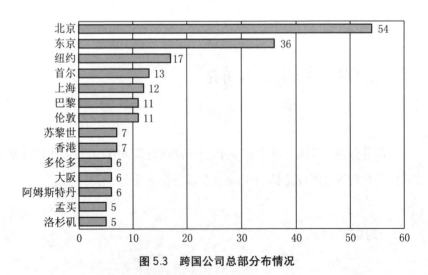

图 5.3 跨国公司总部分布情况

资料来源:2022 年《财富》世界 500 强企业排行榜。

图 5.4 为上海 2021—2022 年《财富》500 强企业排名变化。上海 2021 年有 9 家企业上榜,2022 年为 12 家,增加的企业为中国船舶集团有限公司、苏商建设集团有限公司、上海德龙钢铁集团有限公司,排名分别为第 243、第 299 和第 469 名。2021 年榜单中有 6 家企业的排名在 2022 年有所上升,且未出现原有企业未上榜现象。

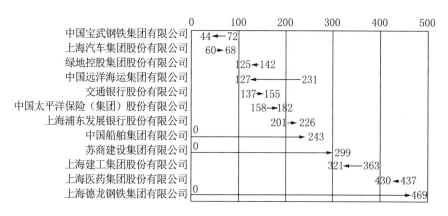

图 5.4　上海市 2021—2022 年《财富》500 强企业排名变化

资料来源:2021—2022 年《财富》世界 500 强企业排行榜。

5.3.2　跨国公司地区总部

以 Craft-Supplier Intelligence Platform 网站收录数据为样本(见图 5.5),选择全球规模员工人数为 1 万人及以上的公司进行调研,对全球主要城市跨国公司地区总部数量进行统计,得到以下数据。居于榜单前三位的城市为新加坡、上海和香港,亚洲已经成为全球经济增长的主要引擎。到 2030 年,该地区的中产阶层人口数量将占据世界的一半以上,并且成为消费品需求的主要来源。

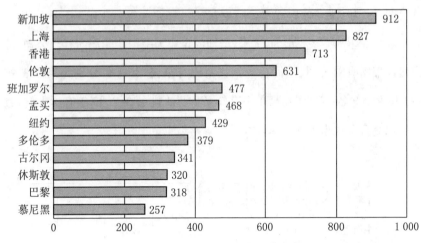

图 5.5　跨国公司地区总部分布个数

资料来源:Craft-Supplier Intelligence Platform,2021 年 12 月 31 日。

在各行业中,有较多企业将其亚洲总部设立在新加坡。在科技跨国企业中,新加坡占亚洲区域总部的 59%。在沪的 827 家跨国公司地区总部中,有 121 家世界 500 强企业总部,占比为 15%,代表企业有苹果、通用、沃尔玛等;大中华区总部数量为 158 家,占比为 18%,代表企业有贝尔、诺基亚等。香港凭借其简单税制、低税率以及资讯的自由流通性,吸引了来自世界各地的公司创立亚太地区总部,这些企业的母公司主要来自中国内地、日本、美国、英国、新加坡。对颇具规模的企业而言,中国香港基础雄厚的金融业与服务业对于在此开设地区总部,进一步拓展市场的企业是非常有利的。

5.3.3　国际非政府组织总部

非政府组织是独立于国家政府的一种组织,其设立目标是追求不同的政治理念或社会目标,如环境保护组织、社会福利组织和学术团体等。

这里选取上海作为代表,与国际大城市进行对比,结果如图 5.6 所示。

总部位于上海的国际非政府组织数量为 6 个,远远少于洛杉矶、香港、新加坡等地区。中国作为世界第二大经济体,虽然具有全球影响力,但长期以来在国际组织总部数量上尚有欠缺。对于同样为世界经济大国的美国来说,总部位于纽约的国际非政府组织除联合国外,还包括联合国儿童基金会、联合国开发计划署等。美国在全球巨大的政治经济影响力和高效的国际交通体系为国际非政府组织总部设置创造了良好的条件。

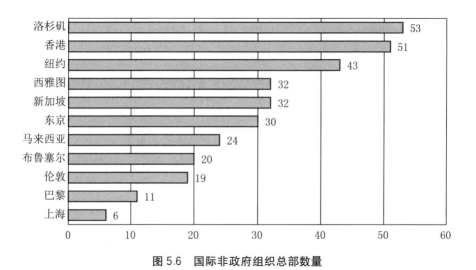

图 5.6 国际非政府组织总部数量

资料来源:Japan Platform、Discovery College、Red Thread 等平台,2022 年 6 月 1 日。

5.3.4 功能性机构

表 5.10 为 2020 年世界城市排名,数据由 GaWC 提供。作为世界城市排名知名机构,GaWC 提供世界城市之间在金融方面、专业方面和创新方面等的情况,对城市的交通、人口、经济、人才吸纳等多方面因素进行比较,围绕商业活动、人力资本、信息交流、文化体验和政治事务这五个维度,确定一

座城市在世界城市网络中的位置,衡量主要城市的全球连通性以及在全球化经济中的融入度,评估标准共 29 项。

世界一线城市 Alpha++仅有伦敦和纽约两个老牌世界经济中心,这两个城市在近五年一直保持前两名。纽约有联合国总部,伦敦是欧洲第一大城市,作为金融中心和财富中心,这两个城市有很多国际机构,控制着全球 45% 的外汇交易和黄金、白银、原油等大宗商品的定价权,也是世界上最大的银行、保险、期货和航运中心。

处在 Alpha+级别的城市有香港、新加坡、上海、北京、迪拜、巴黎、东京。近五年中,巴黎和东京一直保持着第三名和第四名的地位;北京由第九名上升至第五名;香港由第五名下降至第六名;上海的排名有所上升,但在 Alpha+级别城市中仍处于较低地位。

表 5.7 2020 年世界城市排名

Alpha 级别(世界一线城市)	
Alpha++	伦敦、纽约
Alpha+	香港、新加坡、上海、北京、迪拜、巴黎、东京
Alpha	悉尼、洛杉矶、多伦多、孟买、阿姆斯特丹、米兰、法兰克福、墨西哥城、圣保罗、芝加哥、吉隆坡、马德里、莫斯科、雅加达、布鲁塞尔
Alpha-	华沙、首尔、约翰内斯堡、苏黎世、墨尔本、伊斯坦布尔、曼谷、斯德哥尔摩、维也纳、都柏林、台北、布宜诺斯艾利斯、旧金山、卢森堡市、蒙特利尔、慕尼黑、德里、圣地亚哥、波士顿、马尼拉、深圳、利雅得、里斯本、布拉格、班加罗尔
Beta 级别(世界二线城市)	
Beta+	华盛顿、达拉斯、波哥大、迈阿密、罗马、汉堡、休斯敦、柏林、成都、杜塞尔多夫、特拉维夫、巴塞罗那、布达佩斯、多哈、利马、哥本哈根、亚特兰大、布加勒斯特、温哥华、布里斯班、开罗、贝鲁特、奥克兰
Beta	胡志明市、雅典、丹佛、天津、阿布扎比、珀斯、卡萨布兰卡、基辅、蒙得维的亚、奥斯陆、赫尔辛基、钦奈、河内、南京、费城、开普敦、杭州、内罗毕、西雅图、麦纳麦、卡拉奇、里约热内卢、重庆、巴拿马城
Beta-	武汉、大阪、沈阳、西安、危地马拉城、大连、圣彼得堡、拉各斯、基多、济南、圣萨尔瓦多、堪培拉、乔治敦(开曼)、马斯喀特、底特律、爱丁堡、吉达、海德拉巴、拉合尔、奥斯汀

续表

Gamma 级别（世界三线城市）	
Gamma+	圣荷西、加尔各答、夏洛特、圣路易斯、浦那、安特卫普、鹿特丹、阿德莱德、波尔图、巴库、瓜达拉哈拉、卢布尔雅那、青岛、阿尔及尔、苏州、贝尔法斯特、格拉斯哥、麦德林、科隆、金边、伊斯兰堡、凤凰城、里加、第比利斯、合肥、昆明
Gamma	德班、维尔纽斯、哥德堡、圣胡安、南特、安卡拉、圣多明各、弗洛茨瓦夫、渥太华、达卡、马尔默、布里斯托、地拉那、科伦坡、都灵、瓦伦西亚、瓜亚基尔、台中
Gamma−	路易港、阿克拉、亚松森、毕尔巴鄂、马普托、杜阿拉、拿骚、哈拉雷、波兹南、罗安达、克利夫兰、福州、名古屋、堪萨斯城、卡托维兹、马拉加、克雷塔罗、哈尔滨、密尔沃基、槟城、盐湖城

资料来源：GaWC，2021 年 11 月 19 日。

2021 年，美国授权专利最多的国家为美国（150 801 项）、日本（47 105 项）、韩国（21 264 项）、中国（20 679 项）、德国（14 663 项）。美国公司在创新方面遥遥领先于国际同行，占美国专利商标局 2021 年所有专利授权的一半以上。在获得授权前十名国家中，中国为增长率最高的国家。2021 年，共有五家中国公司进入美国 50 强，其中台积电排名第四，华为排名第五，随后是京东方和蚂蚁金服，而此次排名中，OPPO 也首次跻身该榜单的前 50。

以 2021 年公开的全球专利数量领先的前 250 家科研机构和企业为总体，选取前 100 家作为样本，将其总部与城市映射，将城市中领先机构数量作为考察城市研发能力的一个视角。如表 5.11 所示，北京作为全球科研机构专利数量最多的城市，拥有中国科学院 CAS、中国石油天然气集团公司、清华大学等科研机构与企业；东京位列第二，重点科研机构和企业有佳能公司、日立有限公司、丰田汽车公司；上海位列第五，科研能力和科研机构的聚集程度高于世界大部分城市与地区，代表科研机构和企业有理光有限公司、上海汽车工业集团公司、中国宝武钢铁集团有限公司；美国科研机构和企业

表 5.8 城市代表科研机构和企业名称

城市	机构数量	国家	代表科研机构和企业
北京	14	中国	中国科学院 CAS、中国石油天然气集团公司、清华大学、京东方科技集团有限公司
东京	11	日本	佳能公司、日立有限公司、丰田汽车公司、索尼集团公司、富士胶片控股公司、三菱电机公司
首尔	4	韩国	三星电子有限公司、LG 电子公司、现代汽车、LG 显示器有限公司
深圳	4	中国	华为投资控股有限公司、腾讯控股有限公司、中兴通讯、比亚迪
上海	3	中国	理光有限公司、上海汽车工业集团公司、中国宝武钢铁集团有限公司
巴黎	2	法国	赛峰集团、法雷奥公司
慕尼黑	2	德国	西门子公司、英飞凌科技股份公司
旧金山	2	美国	英特尔公司、Alphabet Inc.
纽约	2	美国	国际商业机器公司、联想集团有限公司

资料来源:IFI 250:Largest Global Patent Holders,2022 年 1 月 2 日。

地理位置较为分散,主要集中于加利福尼亚州、得克萨斯州和俄勒冈州,在城市层级并未出现明显的集聚情况。

从外资研发机构数量来看,自 2001 年中国加入世界贸易组织后,全球跨国公司在中国投资迎来了黄金时期,在中国设立创新与研发中心已经成为更多跨国公司全球布局的重要战略。上海作为中国高速发展的城市之一,逐渐成为国内研发中心最集聚的城市之一。2010 年上海有 319 家外资研发机构,2021 年增长为 504 家,成为目前中国外资研发机构最聚集的城市(见图 5.7)。

截至 2021 年,跨国公司在上海设立的研发机构中,全球研发中心近 50 家,亚太地区研发中心近 20 家,2021 年新增外资研发中心 25 家(表 5.12 所

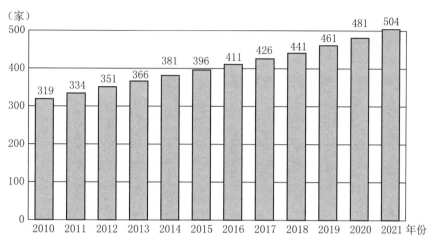

图 5.7   上海外资研发机构发展数量图

资料来源:上海市统计局,2022 年 1 月 2 日。

示)。跨国公司涵盖汽车、材料、医药、消费品等主要行业,雅诗兰黛集团全球研发中心、汉高黏合剂技术创新中心、路博润润滑油添加剂研发中心、凯米拉亚太研发中心、现代汽车集团中国前瞻数字研发中心、阿斯利康全球研发中国中心、翰森制药集团全球运营总部及研发中心等 7 个研发中心为2021 年跨国公司在上海地区设立的创新、研发中心精选项目。

表 5.9   跨国公司在华设立研发中心

研发机构名称	在公司全球研发网络中的定位
雅诗兰黛集团全球研发中心	全球研发中心
阿斯利康全球研发中国中心	全球研发中心
翰森制药集团全球运营总部及研发中心	全球研发中心
汽巴精化中国研发中心	全球研发中心
联合利华上海研发中心	全球研发中心
惠普全球软件服务中心(中国)	全球第二大研发中心
凯米拉亚太研发中心	全球第三大研发中心

续表

研发机构名称	在公司全球研发网络中的定位
通用电气(中国)研究开发中心有限公司	全球第三大研发中心
3M 中国研发中心	全球第四大研发中心
SAP 中国研究院	全球第四大研发中心
惠普(中国)研发中心	全球第四大研发中心
霍尼韦尔上海研发中心	全球第四大研发中心
伟世通中国技术中心	全球第四大研发中心
罗克韦尔自动化研究(上海)有限公司	全球第四大研发中心
上海贝尔阿尔卡特研发中心	全球第四大研发中心
路博润润滑油添加剂研发中心	全球第五大研发中心
现代汽车集团中国前瞻数字研发中心	全球第七大研发中心
汉高黏合剂技术创新中心	全球第十一大研发中心

资料来源:Greater China Business,2022 年 1 月 18 日。

上海市闵行区按照"1＋4＋X"营商环境政策体系全面推进营商环境 4.0 版建设,不断加大创新力度,推出了一系列"人无我有、人有我优、人优我特"的高标准特色举措,对企业以及研发中心的吸引力不断增加,越来越多的研发中心选择落户闵行。其中,雅诗兰黛全球创新研发中心于 2021 年 11 月落户,总投资额超过 3 500 万美元,近 200 名研发人员入驻。

就投资机构而言,这里主要从绿地投资(green investment,GI)的角度展开讨论。在经济学中,绿地投资是指公司在外国开展业务的一种外国直接投资(foreign direct investment,FDI)。绿地项目是一种扩展到新兴业务领域的方法。在绿地投资中,公司会从头开始跨境设立子公司或项目母公司。本部分使用绿地投资项目数量代表跨国公司设立境外投资机构数量,以此探究总部型经济外延进一步扩大程度。

图 5.8 为 2010—2021 年全球已宣布的绿地 FDI 项目数量。2021 年,全

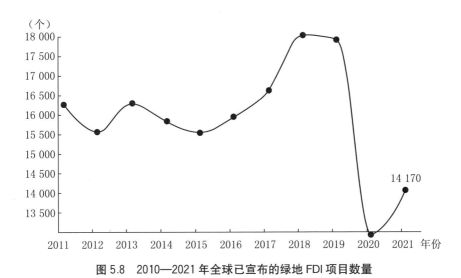

（个）

图 5.8　2010—2021 年全球已宣布的绿地 FDI 项目数量

资料来源：Statista，2022 年 8 月 5 日。

球宣布的绿地 FDI 项目为 14 710 个。近 20 年以来，全球宣布的绿地 FDI 项目数量一直在稳步增加，但全球新冠大流行导致 FDI 项目急剧下降。

　　安永发布的 2022 年金融服务吸引力调查数据显示，英国是欧洲金融和专业服务领域吸引 FDI 项目最多的国家。英国的金融服务业之所以能吸引全球投资者，是因为其能提供进入全球市场的渠道、深度和流动的资本增长池、研究和创新能力、多样化的国际劳动力以及稳定的监管制度。如图 5.9 所示，2021 年落地伦敦的绿地 FDI 项目为 392 个，伦敦为引进外资项目数量最多的城市，涉及 64 个国家和地区，其中投资占比前五名的国家为美国、瑞士、澳大利亚、法国和德国。英国国际贸易部（DIT）发布的 2020—2021 年外国直接投资报告称，英国经济面对新冠疫情影响体现出较强韧性，未来发展将集中于推进基础设施升级、向净零排放和绿色经济转型以及强化超级科学大国地位。

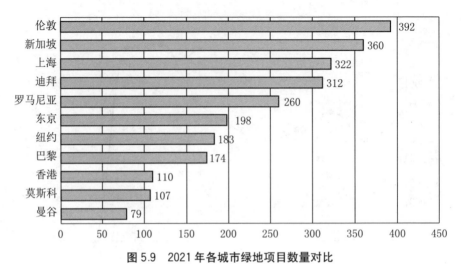

图 5.9　2021 年各城市绿地项目数量对比

资料来源:《伦敦金融城公司 Statista》,《中国日报》2022 年 6 月 17 日。

绿地 FDI 落地项目数量排名第二的是新加坡。新加坡作为投资避风港,以其充满竞争力的资本密集型制造业与频繁的数码活动,吸引了全球跨国企业的大额投资。行业涵盖投资电子、化学和科技领域,投资头部主体来自欧洲和美国跨国企业。

绿地 FDI 落地项目数量排名第三的是上海。截至 2022 年,跨国企业对中国和上海的投资信心依然充足。新一批跨国公司负责的总投资 5 658 亿元的 322 个重大产业项目在上海签约。投资主要集中在三大先导产业,即集成电路、生物医药、人工智能,总投资 2 049 亿元,涉及 90 个项目。到 2025年,预计智能终端产业规模将突破 7 000 亿元,绿色低碳产业规模将突破 5 000 亿元,元宇宙产业规模将突破 3 500 亿元。

表 5.10 为上海市外商投资企业百强榜单,分别包括上海市外商投资企业营业收入百强名单前 10 名企业、上海市外商投资企业进出口总额百强名单前 10 名企业、上海市外商投资企业纳税贡献百强名单前 10 名企业、上海市外商投资企业创造就业百强名单前 10 名企业。

2021 年上海外资企业排行榜显示,上海外资百强企业的营业收入百强额、进出口额、纳税额、就业人数分别占上海外商投资企业总营业收入额、总进出口总额、总纳税额和总就业人数的 35.61％、55.35％、34.1％和 18.11％。

从地区分布来看,257 家外商投资企业中,有 142 家企业总部设立在浦东新区,其中 120 家注册在自贸试验区内,占比为 84.51％。从外资地区分布来看,美国企业共计 72 家,日本企业 35 家,德国企业 29 家。

就营运中心而言,本部分从 2022 版《财富》世界 500 强企业名单提取上榜企业名单,按照企业注册总部、实际总部和实际营运中心所在城市统计,

表 5.10 上海市外商投资企业百强榜单(前 10 名)

序号	营业收入百强名单	进出口总额百强	纳税贡献百强	创造就业百强
1	苹果电脑贸易(上海)有限公司	达功(上海)电脑有限公司	上汽大众汽车有限公司	达功(上海)电脑有限公司
2	上汽通用汽车销售有限公司	昌硕科技(上海)有限公司	保时捷(中国)汽车销售有限公司	昌硕科技(上海)有限公司
3	上海上汽大众汽车销售有限公司	英特尔贸易(上海)有限公司	上汽通用汽车有限公司	迅销(中国)商贸有限公司
4	上汽通用汽车有限公司	英运物流(上海)有限公司	上海上汽大众汽车销售有限公司	上汽大众汽车有限公司
5	上汽大众汽车有限公司	晟碟半导体(上海)有限公司	欧莱雅(中国)有限公司	迅达(中国)电梯有限公司
6	上海三星半导体有限公司	保时捷(中国)汽车销售有限公司	路易威登(中国)商业销售有限公司	上海国际主题乐园有限公司
7	达功(上海)电脑有限公司	安靠封装测试(上海)有限公司	历峰商业有限公司	联合汽车电子有限公司
8	昌硕科技(上海)有限公司	近铁国际物流(中国)有限公司	雅诗兰黛(上海)商贸有限公司	特斯拉(上海)有限公司
9	益海嘉里食品营销有限公司	中芯南方集成电路制造有限公司	沃尔沃汽车销售(上海)有限公司	日沛电脑配件(上海)有限公司
10	托克投资(中国)有限公司	达丰(上海)电脑有限公司	苹果电脑贸易(上海)有限公司	耐克商业(中国)有限公司

资料来源:中国管理科学研究院行业发展研究所,2021 年 10 月 6 日。

从城市上榜企业数量、营业收入和利润三个角度,观察上榜企业营运中心的分布规律。由于其他国家上榜企业数量有限,样本量较小,不足以说明规律,因此这里仅分析上榜企业数量最多的三个国家,即中国、美国和日本。

表 5.11 为中国、美国和日本《财富》500 强企业营运中心分布情况。其中,北京拥有 54 家《财富》世界 500 强企业总部;作为对比,纽约 17 家、东京 36 家、上海 12 家。从城市《财富》500 强企业总部数量占本国企业总数量的比例来看,东京占比 76.6%,北京占比近 37.2%,上海占比 8.3%,纽约只占美国上榜企业数量的 13.7%。由此可见,上海与纽约在营运总部方面的发展情况远远低于北京与东京。

表 5.11 《财富》世界 500 强企业营运中心分布

中国*	《财富》世界 500 强总部数量	本国占比	美国	《财富》世界 500 强总部数量	本国占比	日本	《财富》世界 500 强总部数量	本国占比
北京	54	37.2%	纽约	17	13.7%	东京	36	76.6%
上海	12	8.3%	洛杉矶	5	4.0%	大阪	6	12.8%
深圳	10	6.9%	亚特兰大	4	3.2%			
杭州	8	5.5%	华盛顿	3	2.4%			
香港	7	4.8%	芝加哥	3	2.4%			
台北	5	3.4%	诺斯菲尔德	3	2.4%			
广州	4	2.8%	辛辛那提	3	2.4%			
乌鲁木齐	3	2.1%						
厦门	3	2.1%						
成都	3	2.1%						
济南	3	2.1%						
苏州	2	1.4%						
总数	145			124			47	

*注:中国含港澳台地区;总数代表国家全部上榜《财富》世界 500 强企业总数。
资料来源:2022 年《财富》世界 500 强排行榜。

《财富》世界 500 强企业名单显示,2022 年度美国上榜的 124 家企业的平均利润为 100.5 亿美元,是中国上榜企业的 2.5 倍。可见,中国上榜企业利润及增速与美国和世界平均水平存在一定差距。具体而言,从平均销售收益率、总资产收益率和净资产收益率等三大财务指标比较可知,美国上榜企业的三大指标数据分别是 11%、3.21% 和 21.9%,中国上榜企业的三大指标数据分别是 5.1%、1.15% 和 9.5%,美国上榜企业的经营情况好于中国上榜企业。

表 5.12 为《财富》世界 500 强企业营运中心营业收入对比,营运中心在北京的上榜企业数量占中国总数的 37.2%,年度营业收入占中国上榜企业的比例高达 51.3%。而上海地区数量占比 8.3%,营业收入占比仅有 7.4%。对比之下,东京拥有日本上榜企业营业收入的 79.4%。而美国各城市在这方面的营业收入较为分散,其中纽约营业收入仅占本国的 9.4%。由此可见,上海地区在全球城市营运中心的营业收入占比处于中等水平,但远远落后于头部城市。

表 5.12 世界 500 强企业营运中心营业收入

中国*	营业收入(亿美元)	本国占比(%)	美国	营业收入(亿美元)	本国占比(%)	日本	营业收入(亿美元)	本国占比(%)
北京	59 196.7	51.3	纽约	10 708	9.4	东京	23 821	79.4
上海	8 488.3	7.4	本顿维尔	5 728	5.0	大阪	3 511	11.7
深圳	7 841.0	6.8	欧文	5 496	4.8			
杭州	5 149.2	4.5	西雅图	4 989	4.4			
香港	4 286.0	3.7	辛辛那提	3 723	3.3			
厦门	2 804.4	2.4	库佩蒂诺	3 658	3.2			
广州	2 401.6	2.1	亚特兰大	3 170	2.8			
台北	1 901.1	1.6	洛杉矶	2 974	2.6			

续表

中国[*]	营业收入 (亿美元)	本国 占比 (%)	美国	营业收入 (亿美元)	本国 占比 (%)	日本	营业收入 (亿美元)	本国 占比 (%)
苏州	1 674.8	1.5	文索基特	2 921	2.6			
			明尼苏达	2 876	2.5			
			奥马哈	2 761	2.4			
			山景城	2 576	2.3			
			达拉斯	2 363	2.1			
			诺斯菲尔德	2 283	2.0			
			切斯特	2 140	1.9			
			华盛顿	2 080	1.8			
总计[*]	**115 447.4**			**113 756**			**29 986**	

　　[*]注:中国数据含港澳台地区;总计代表国家全部上榜《财富》世界500强企业的营业收入。

　　资料来源:2022年《财富》世界500强排行榜,2022年8月7日。

5.4　上海总部型经济全球创新资源配置绩效分析

5.4.1　评价指标体系

　　基于总部型经济与全球创新资源要素配置之间的关系,严格遵循综合性、创新性、可比性、可操作性和现实适用性等原则,借鉴现有的总部型经济研究成果(陈信康,2015;庄德林等,2018),本部分构建了包含5个维度的3级指标体系,具体见表5.13。

表 5.13 总部型经济的全球创新资源配置绩效评价指标

一级指标	二级指标	三级指标
战略资源	市场吸引力	城市 GDP
		母国 GDP
		城市 GDP 增长率
		母国 GDP 增长率
	金融资源配置力	金融中心竞争力
		金融市场成长性
	城市体系等级	城市行政能级
		全球城市网络中心性
	城市声誉	国际组织落户数量
		世界遗产数量(UNASCO)
		国际会议举办量
		城市网络知名度
全球联通	全球交通便利度	国际航空客运量
		国际航空货运量
		港口集装箱吞吐量
	全球信息沟通便利度	城市宽带质量
		福布斯排行榜媒体集团数量
		Alexa 网站 200 强数量
营商环境	商务服务业支撑度	服务业增加值占 GDP 比重
		商务服务业就业占比
	总部集聚度	《财富》世界 500 强总部落户数
		福布斯亿万富豪集聚量
	城市政府保障力	开办企业便利度
		税收适宜度
		通关便利度
		知识产权保护度

续表

一级指标	二级指标	三级指标
科技创新	智力资本丰裕度	高等教育人口占比
		高等教育国际化水平
		科研人员丰富度
		技术人员丰富度
	研发能力	研发经费投入
		产学研合作力度
		科技论文发表量
		专利授权量
生活环境	环境宜居度	生态环境质量
		人文环境质量
	公共服务丰裕度	医疗设施质量
		生活设施保障度
		基础教育资源丰富度
		公共文化资源丰富度
	交通便利性	国内交通便利度
		市内通勤便利度
	生活成本	城市生活支出
		薪资购买力

资料来源:作者自行整理。

本部分以同时有企业入围 2020 年《财富》世界 500 强和 2020 年福布斯全球 500 强为初次筛选标准,从中筛选出总部型经济发展良好的城市,共得到 20 个可供评估的城市。考虑到数据的可得性以及样本城市的代表性等,本部分最终选取纽约、伦敦、东京、巴黎、首尔、吉隆坡、香港、新加坡、北京、上海共 10 个城市作为样本城市。

鉴于本部分的总部型经济全球创新资源配置能力评价属于多指标综合

评价,本部分采用客观赋权法中的熵值法作为评价方法。该方法是根据各项指标值之间的差异程度确定权重,能够避免主观因素的干扰,客观反映各指标在综合评价体系中的重要性。具体的计算公式与步骤采用学界公认的方式,在此不再赘述。

本部分所选指标的原始数据主要来自各城市的统计年鉴、城市所在国的国家统计年鉴和政府网站、世界银行公开数据库、联合国数据库、福布斯网站、《财富》杂志网站、联合国教科文组织网站、国际权威研究报告等。

5.4.2 评价结果

10 个样本城市的总部型经济全球创新资源要素配置能力评价结果见表 5.14。由表 5.14 可知:

第一,10 个样本城市可分为三个层级,其中伦敦、纽约、巴黎和东京四大全球城市位于第一层级(平均得分 80 分以上),香港、新加坡和首尔位于第二层级(平均得分 70 分以上),北京、上海和吉隆坡为第三层级(平均得分 60 分以上)。

第二,伦敦、纽约、巴黎和东京四大全球城市的总部型经济全球创新资源配置能力稳居前四强,且占据了战略资源、营商环境、生活宜居度和科技创新四个维度的榜首。

第三,香港、新加坡和首尔的总部型经济全球创新资源配置能力发展迅猛,已呈现出追赶四大全球城市的态势。其中,香港在全球联通维度上居 10 个样本城市中的第一位,在战略资源和营商环境两个维度上也进入了前三名。新加坡在生活宜居、战略资源、营商环境和科技创新四个维度上有良好的表现。首尔在科技创新和生活宜居上表现不俗。

第四,上海的总部型经济全球创新资源配置能力位居第九名,与四大全

表 5.14　10 个样本城市总部型经济全球创新资源要素配置能力排名(得分)

城市	总部型经济全球创新资源配置能力排名(得分)	分项排名(得分)				
		战略资源	全球联通	营商环境	科技创新	生活宜居
伦敦	1(85.23)	1(22.14)	3(9.81)	2(15.56)	1(18.78)	4(18.94)
纽约	2(83.22)	2(21.18)	4(9.53)	1(16.56)	2(18.23)	6(17.42)
巴黎	3(81.13)	5(18.88)	5(9.33)	4(14.66)	4(17.88)	1(20.38)
东京	4(80.45)	4(20.12)	6(9.13)	5(14.23)	5(17.56)	3(19.41)
香港	5(78.23)	3(20.45)	1(10.54)	3(15.21)	9(15.23)	7(16.80)
新加坡	6(77.23)	6(17.76)	8(8.58)	6(14.11)	6(17.22)	2(19.56)
首尔	7(74.56)	8(16.56)	9(8.24)	7(12.88)	3(18.15)	5(18.73)
北京	8(68.23)	7(17.23)	2(10.24)	8(12.56)	7(16.88)	10(11.32)
上海	9(66.25)	9(15.23)	7(9.02)	9(11.89)	8(16.22)	9(13.89)
吉隆坡	10(62.18)	10(15.18)	10(7.82)	10(10.83)	10(13.56)	8(14.79)

球城市相比仍存在明显差距,其全球创新资源配置能力为榜首城市伦敦的77.73%。虽然上海在全球联通能力上有相对较好的表现,但是在战略资源、营商环境、科技创新和生活宜居等维度上有待进一步提高。

5.4.3　上海总部型经济的问题与不足

本节结合上海总部型经济的结构与绩效,对上海总部型经济的问题与不足进行分析。

总部型经济的结构发展不平衡。就结构而言,上海总部型经济基本集中在跨国公司地区总部和外资研发中心两种类型,其他包括跨国公司总部、跨国机构(投资、资金管理、采购、营销、物流、支持服务等)、中国本土跨国公司(央企和国企)总部和国际非政府组织总部等结构的总部型经济入驻上海较少。特别是,专业服务业领域各细分行业全球排名前 10 的公司全球性总部,目前无一落户上海;全球排名前 50 的律师事务所,在上海都还没有分支机构。同时,上海应加大对内资的支持力度,出台精准化、有针对性的总部支持政策,吸引中国本土跨国公司总部入驻。总部型经济结构的丰富化和多样化,有利于提升上海总部型经济未来的健康发展。

总部型经济的绩效有待进一步提升。上海总部型经济的国际排名在第10 位左右,总部型经济的全球创新资源配置绩效排名在第 9 位左右。目前,上海总部型经济的全球创新资源配置绩效属于第三层级,排名距离第一层级的纽约、伦敦、巴黎和东京四大全球城市差距明显,距离第二层级的香港、新加坡和首尔也有一定的差距(为第二层级榜首城市香港的 84.69%)。特别是,上海在战略资源、营商环境、科技创新和生活宜居等指标上与全球总部型经济发达城市的差距同样明显。

总部型经济的本地嵌入性不足。总部型经济的本地嵌入性是指总部型经济的本地根植性及其溢出效应,表现在迁入总部型经济与当地机构合作发展等方面的能力上。目前,上海总部型经济的本地嵌入性不足,尤其在外资研发机构方面较为明显。例如,上海的外资研发机构与本土研发机构在协同攻关方面还不够顺畅,本土研发机构较难深度介入。未来,上海应创新更加适宜的科研生态环境,让外资研发机构深度介入本地研发,增强本地嵌入性。

总部型经济的机构平台化亟须提升。总部型经济的机构平台化是指利用总部型经济打造开放性的平台,成为全球创新资源要素都能参与的共享平台。目前,上海总部型经济的机构平台化不足,总部型经济的机构开放性不够,还没有成为所在行业的开放式平台。一些跨国公司的功能性机构虽然对社会开放,但是外部企业无法接触其核心资源。另外,有些跨国公司在沪设立的平台化机构,如孵化器等,主要服务其关联公司,对上海本土企业的孵化作用甚微。

附录　上海发展总部型经济企业诉求调研

5.A.1　上海发展总部型经济诉求调查问卷

一、发展总部型经济的战略资源主要包括市场吸引力、金融市场配置力、城市等级和城市声誉等方面。您对上海发展总部型经济的战略资源是否满意?

A. 非常满意　　　B. 满意　　　　C. 一般　　　　D. 不满意

二、城市的全球联通能力是城市交通运输和信息通信发达程度的综合体现,您对上海的交通运输和信息通信是否满意?

A. 非常满意　　　B. 满意　　　　C. 一般　　　　D. 不满意

三、科技创新对总部型经济集聚与迁移的影响作用日益凸显。城市科技创新主要包括智力资本丰裕度和研发能力两个方面。您对上海的科技创新是否满意?

A. 非常满意　　　B. 满意　　　　C. 一般　　　　D. 不满意

四、营商环境是影响总部型经济运营效率的商业服务业、总部集聚经济和城市政府保障力等因素的综合体现。您对上海发展总部型经济的营商环境是否满意?

A. 非常满意　　　B. 满意　　　　C. 一般　　　　D. 不满意

五、总部型经济的集聚与迁移往往伴随着高端人才的汇聚与迁移,需要良好的城市宜居环境提供生活保障,主要包括环境宜居度、公共服务、生活成本等方面。您对上海发展总部型经济的生活宜居度是否满意?

A. 非常满意　　　B. 满意　　　　C. 一般　　　　D. 不满意

六、您对目前企业认定为上海总部型经济的标准有何建议?

_____

_____

_____

七、您对上海发展总部型经济的营商环境有何具体建议?

_____

_____

_____

八、您认为总部型企业对跨国供应链稳定的具体诉求是什么?

_____

_____

_____

九、您对上海发展总部型经济的其他建议有哪些?

_____

_____

_____

5.A.2 上海发展总部型经济企业调研概况

本次调研采用线上问卷形式,根据规范性和完整性对数据进行审核,最终收回有效问卷 105 份。

(1)信度检验。信度是指检测结果的一致性、稳定性及可靠性。信度系数越高,问卷调查结果的可信度越高。信度分析用于研究定量数据的回答可靠性。由表 5.15 可知,在本小节的调研中信度系数值为 0.85,大于 0.80,说明研究数据信度质量高,可用于进一步分析。

表 5.15 Cronbach 信度分析

项数	样本量	Cronbach α 系数
5	105	0.85

（2）效度检验。效度是指准确测算事物有效性的程度。效度水平决定了测算事物真实性的高低。本小节使用因子分析法进行效度分析，通过 KMO 值验证数据的效度水平情况。由表 5.16 可知，KMO 值为 0.85，大于 0.60，说明数据可以被有效提取信息，且 Bartlett 球度检验表明变量之间相关性显著，说明问卷效度良好，结果有效。

表 5.16 KMO 和 Bartlett 检验

KMO 值		0.854
Bartlett 球形度检验	近似卡方	206.93
	自由度	10
	显著性	0.00

5.A.3 上海发展总部型经济企业满意度调研分析

战略资源、全球联通、科技创新、营商环境和生活环境等关键要素既是提升全球创新资源配置能力的核心，也是总部型经济发展需求的能力。上海发展总部型经济企业满意度调研结果如下。

（1）战略资源。发展总部型经济的战略资源主要包括市场吸引力、金融市场配置力、城市等级和城市声誉等方面，受访者对上海发展总部型经济的战略资源满意度调查结果如图 5.11 所示。可以看出：相关总部型经济实际负责人的受访者选择"不满意""一般""满意"和"非常满意"上海发展总部型经济的战略资源的比例分别为 4.76%、12.38%、47.62% 和 35.24%。总体上看，受访者对上海发展总部型经济的战略资源比较满意。

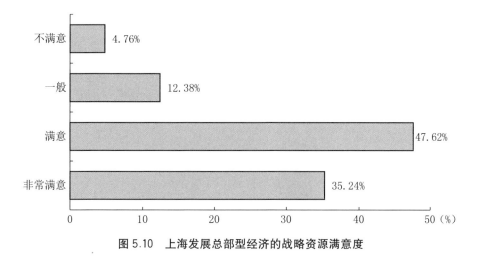

图 5.10 上海发展总部型经济的战略资源满意度

（2）全球联通能力。城市的全球联通能力是城市交通运输和信息通信发达程度的综合体现，受访者对上海发展总部型经济的全球联通能力满意度调查结果如图 5.11 所示。由此可知：37.14％的受访者对上海发展总部型经济的全球联通能力表示非常满意，40.95％的受访者表示满意，14.29％的受访者表示一般，仅有 7.62％的受访者对上海发展总部型经济的全球联通能力表示不满意。

（3）科技创新。科技创新对总部型经济集聚与迁移的影响作用日益凸显。城市科技创新主要包括智力资本丰裕度和研发能力两个方面。受访者对

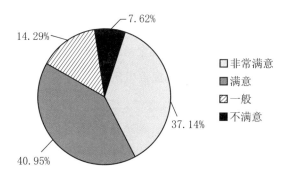

图 5.11 上海发展总部型经济的全球联通能力满意度

上海发展总部型经济的科技创新满意度调查结果如图 5.12 所示。由图可知：
33.33％的受访者对上海发展总部型经济的科技创新表示非常满意,40.95％的
受访者对上海发展总部型经济的科技创新表示满意,20.00％的受访者表示一
般,仅有 5.71％的受访者对上海发展总部型经济的科技创新表示不满意。

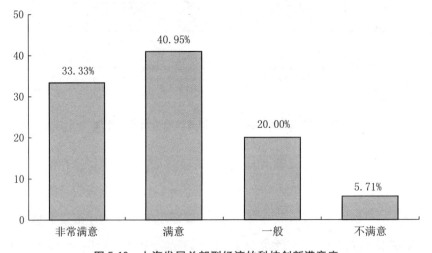

图 5.12　上海发展总部型经济的科技创新满意度

（4）营商环境。营商环境是影响总部型经济运营效率的商业服务业、总
部集聚经济和城市政府保障力等因素的综合体现。受访者对上海发展总部
型经济的营商环境满意度调查结果如图 5.13 所示。可以发现:相关总部型
经济实际负责人的受访者选择"不满意""一般""满意"和"非常满意"上海发
展总部型经济营商环境的比例分别为 5.71％、28.57％、35.24％和 30.48％。

（5）生活宜居。总部型经济的集聚与迁移往往伴随着高端人才的汇聚
与迁移,需要良好的城市宜居环境提供生活保障,主要包括环境宜居度、公
共服务、生活成本等方面,受访者对上海发展总部型经济生活宜居的满意度
调查结果如图 5.14 所示。可以看出:相关总部型经济实际负责人的受访者
选择"非常满意""满意""一般"和"不满意"上海发展总部型经济生活宜居的
比例分别为 27.62％、34.29％、24.76％和 13.33％。

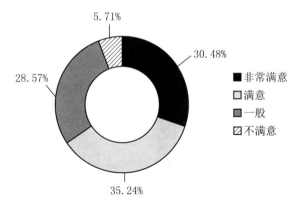

图 5.13 上海发展总部型经济的营商环境满意度

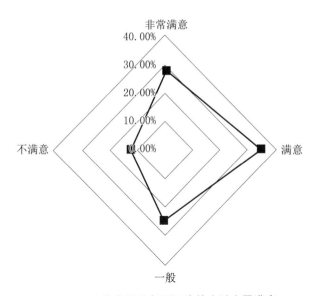

图 5.14 上海发展总部型经济的生活宜居满意

　　总部型企业健康发展是建设现代化国家的必然要求。图 5.15 为受访者选择关键要素满意度所占比例。整体上看,受访者选择上海发展总部型经济对其全球联通能力"非常满意"的占比高于其他指标,选择"满意"战略资源的占比高于其他指标,营商环境问题下选择"一般"的占比高于其他指标,选择"不满意"生活宜居的比例较高。这进一步说明上海发展总部型经济在

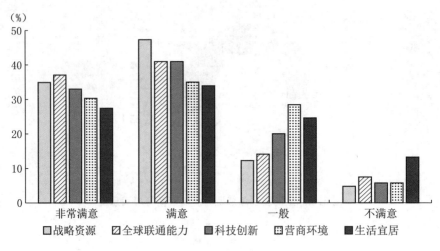

图 5.15　上海发展总部型经济的关键要素满意度

全球联通能力、战略资源等关键要素相对发展较好,但生活宜居度发展相对较差,因而改善生活宜居环境是吸引企业总部落户上海的重要路径。

5.A.4　上海发展总部型经济企业诉求调研分析

依据上海发展总部型经济企业诉求调研问卷结果,归纳整理企业真实诉求,以助力上海总部型经济能级提升。

(1) 放宽民营企业认定为上海总部型经济的标准。尽管上海民营总部型经济取得较大成果,但从可持续发展角度看,民营总部型经济存在进入门槛高的现实问题。2022 年,民营企业总部型认定要求如下:民营企业总部应注册在上海,具有独立的法人资格,民营资本比例超过 50%。此外,要认定为企业总部和总部型机构的,还需要满足以下条件:注册在上海且持续经营1 年(含)以上;上年末资产总额达到 1 亿元人民币;上年度营业收入(销售收入)超过 10 亿元人民币;除本市外,拥有 2 个或 2 个以上分支机构(全资子公司、分公司或办事处)。在双循环背景下,对于生产研发型、初创型、创新型等民营企业准入门槛较高,很难发挥更有力的政策效应,给产业发展带来不利影响。

因而,适度放宽民营企业入驻门槛是推进上海总部型经济能级升级的重要路径。按照民营企业类型、所处阶段、产业发展、经营方式、经营稳定性、总部性质等维度来重新制定入驻标准,加大对总部型经济支持力度,吸引更多民营企业入驻上海。此外,在认定方式上,还需对标杆型民营企业开启认定绿色通道,简化认定程序。

(2) 改善上海发展总部型经济的营商环境。营商环境是民营总部型企业是否能够在入驻后扎根的关键要素。当前,总部型企业还会受到融资困难、人才缺乏、成本较高等问题影响,这进一步对总部型企业扎根产生阻碍,总部型企业难以建立品牌优势,获利难度提升。因此,着力改善营商环境是推动总部型经济能级发展的核心要素。对于融资困难问题,应鼓励引导银行机构结合外贸企业需求创新保单融资等产品,按照市场化原则,加大对总部型企业的信贷支持力度。对于成本较高问题,应建立公开透明的市场主体准入和退出机制,维护公平竞争秩序,全方位推进精准高效政务服务,提升跨境贸易便利化水平。对于人才缺乏问题,应提升国际人才管理服务水平,加强知识产权保护,加大人才扶持力度,以改善营商环境。

(3) 提高跨国供应链的时效性和稳定性。跨国供应链发端于全球价值链系统,是基于跨国企业供应链的上下游,主要解决原材料、中间品和最终产品的供应问题,包括原料端、生产端和销售端,为国际组织提供信息、物流和资金等,跨国供应链是一个完整的产业链体系。通过调研发现,总部型企业对跨国供应链稳定的具体诉求如下。

降低跨国供应链的总成本。在跨国供应链中,因不同国家和地区之间的物流运输差异,部分大型跨国企业会通过在海外建仓来降低跨国供应链成本,通过改善消费者体验,来获取消费者的忠诚度,但是由于初期建仓成本较高,增大公司初期的营运成本较易引发资金链问题。大部分跨国企业不具备境外自建仓能力,一般会使用境外公共仓,但会导致企业增加公共仓使用费用。同时,物流综合成本较高也是当前跨国企业面临的问题之一。为此,可以从监管方面入手,加强和规范海运口岸收费、物流收费等行为。同时,通过减税降费,提高现代供应链发展水平。

提高跨国供应链运营时效性。不同国家或地区的物流体系差异导致跨国供应链冗长,交易的商品难以获得良好的保障、物流信息不透明、时效性差,进一步导致总部型企业在交易时资金投入高、回款慢等问题频发。因而,应当加快推进通过便利化,利用大数据、物联网技术,有效促进跨国供应链的改善,提升出口退税效率,增强跨国供应链韧性,提高跨国供应链运营时效性与安全性。

系统构建跨境供应链风险防范体系。跨国供应链繁杂冗长,不确定影响因素较多。总部型企业在与各上下游地区的企业进行协同发展过程中,通常会面临文化冲突、传染病暴发风险、质量偏差、消费者权益保障、知识产权、国际贸易摩擦等诸多问题,由于当前风险防范体系尚不成熟,这些问题极有可能导致跨境供应链某些环节不能有效衔接,企业很难寻求高效的补偿和救济路径。因而,总部型企业应系统构建风险防范体系,建立快速反应机制和有效的质量标准监督体系,进一步保障跨国供应链稳定安全有效运行。

(4)强化总部型经济科技创新主体地位。作为经济高质量发展的重要推动力,科技创新的重要地位还需进一步加强,包括强化企业科技创新主体地位,进一步融合创新链、产业链、资金链和人才链等,提升全球创新资源的配置能力。上海应通过税收优惠、财政资金支持等方式形成"组合拳",加大财政金融支持力度,聚焦国家重大战略领域,推动产业链上中下游、大中小总部型企业融通创新,培育扶持一批具有创新前景和商业潜力的总部型经济。此外,还应畅通科技人才在高校、科研院所与企业之间的流动渠道,对有重要贡献的科技创新总部型经济和个人予以资金奖励。

(5)完善总部型经济配套政策。虽然诸多配套政策推动总部型经济发展,但在实际运行过程中,配套政策尚未细化,特别是在奖励补贴、人才、服务政策等方面仍存在诸多问题。因而需要制定更多具体可落实的细化政策,来推进上海总部型经济高效有序发展。在奖励补贴政策方面,应对经济发展贡献大的总部型机构予以资金奖励,对高端产业、初创型、创新型等民营总部型企业予以租房补助等资金激励。在人才政策方面,应发挥户籍政策的导向作用,按照梯度化人才引进标准引进优秀人才,并对人才予以各项保障。在服务政策方面,应落实资金服务,设立融资支持、汇兑便利等服务,在出入境服务方面,应简化出入境手续,提供通关便利,加快培育认定新一批总部型经济。

第6章
总部型经济提升上海全球创新
资源配置能力的路径

　　总部型经济的全球创新资源配置能力是在全球城市形成过程中,立足于城市资源禀赋,侧重于优势领域,顺势而为、不断积累的。

6.1　思路与目标

　　当今世界正经历百年未有之大变局。全球的产业链供应链面临前所未有的考验,势必对全球创新资源配置产生重大影响。现阶段,上海需要大力发展"五型经济",并以总部型经济为突破口,强化总部型经济的全球创新资源配置能力,带动整体创新资源能力的提升。

6.1.1　基本思路

　　上海以总部型经济提升全球创新资源配置能力突破口的基本思路是:

立足于上海资源禀赋,有所侧重、顺势而为,通过优化总部型经济的结构,提升总部型经济绩效达到发展上海总部型经济、提升全球创新资源配置能力的目的。具体包括以下方面。

(1)强化上海的禀赋优势。禀赋优势是纽约、伦敦、巴黎和东京等四大全球城市形成全球创新资源配置功能的重要支撑点。上海也应立足自身禀赋优势,以上海正在打造的经济、金融、贸易、航运和科创"五大中心"为依托,驱动创新要素流动,形成全球创新资源配置的有力支撑。

(2)"引外聚内"优化总部型经济结构。总部型经济机构不仅包括外资机构,还包括更多的中国本土跨国公司总部。为此,上海应"引外聚内",集聚所有高能级总部型经济机构,这也是上海提升全球创新资源配置能力的关键所在。为此,一方面,上海要构筑内生性的全球创新资源配置网络,集聚更多本土跨国公司总部;另一方面,上海应放眼全球,吸引更多跨国公司(地区)总部和国际非政府组织等落户。通过"引外聚内",双管齐下,吸引更多高能级的总部型经济机构落户上海,优化上海的总部型经济结构。

(3)通过改善绩效,提升上海总部型经济全球创新资源配置效率。首先,以跨国机构打通全球城市节点功能,形成节点突破,加强对总部型经济全球创新资源要素的控制力和影响力;其次,通过跨国公司(地区)总部打造全球城市网络体系,形成对全球创新资源配置能力的大幅提升;最后,以生产性服务总部企业布局全球城市—区域空间结构,实现对全球创新资源配置的"总部—基地"空间结构。具体如下:

第一,以跨国机构打通全球城市节点功能。跨国机构,如投资、研发、营销、采购、战略管理和运营管理等已成为全球总部型经济的重要代表,对提升全球城市节点功能具有显著的影响。为此,上海应通过迁移和集聚跨国机构来进一步提升上海的全球城市节点功能。

第二,以跨国公司(地区)总部打造全球城市网络体系。跨国公司总部或者地区总部是全球总部型经济的典型代表,核心功能是促进公司各种经营资源(人力资源、物质资源、资金资源等有形资产;技术、管理经验和诀窍等无形资产)在全球或者区域内的有机联系和相互利用,并提高公司的决策效率。为此,上海应充分挖掘和利用总部型经济提升全球创新资源配置能力的关键要素(战略资源、全球联通、营商环境、科技创新和生活宜居等),使在沪跨国公司(地区)总部更好地嵌入全球城市网络体系。

第三,以生产性服务总部企业布局全球城市—区域空间结构。生产性服务企业作为全球总部型经济的主要代表发展迅速,特别是以金融、物流、通信等为代表的高端生产性服务企业。由于其服务对象是高端制造业企业,全球生产性服务企业空间布局呈现出"总部—基地"的集聚模式,即在生产性服务总部企业周围大量布局制造业基地,并呈现区域网络体系结构,由此形成了生产性服务总部企业的全球城市—区域空间结构。为此,上海应利用在沪高端制造业企业,促进生产性服务总部企业在其周边布局,加快形成全球城市—区域空间结构。

6.1.2 发展目标

围绕打造总部型经济全球创新资源配置中心城市的目标,上海应在总部型经济的主体集聚、流量提升、本地嵌入性和机构平台化等方面聚焦发力,成为"全球总部型经济之都"。具体目标为以下几点。

第一,多元结构的总部型经济加速集聚。在结构上,除了继续吸引跨国公司地区总部和外资研发中心外,加大力度吸引其他结构的总部型经济,包括跨国公司总部、功能性机构和国际非政府组织,特别是中国本土跨国公司(央企、国企和民企)的总部,形成中国本土跨国公司培育及发展梯队,在本土"独角兽"企业数量和本土大型企业数量上率先实现较大幅度增长,整体本土跨国公司数量实现稳步增长。

第二,全球创新资源配置主要流量指标显著提升。总部型经济全球创新资源配置主要指标包括战略资源、全球联通、营商环境、科技创新和生活宜居等方面,对其中的主要流量指标要实现大幅提升。例如,战略资源中的金融资源配置力、国际会议举办量等,全球联通中的福布斯排行榜媒体集团数量等,营商环境中的《财富》世界500强企业总部落户数等,生活宜居中的公共服务水平等。通过全球创新资源配置流量指标的大幅提升,改善上海总部型经济的绩效,同时提升上海全球创新资源配置能力。

第三,加强总部机构本地嵌入性和机构平台化建设。出台有利于全球总部机构本地嵌入性和平台化建设的配套政策,包括税收政策、创新政策、竞争政策等。加快提升服务机构的服务能级,特别是专业服务机构如信用评级、技术评估等,使得外来总部机构加快融入本地生态系统,加强总部型经济本地嵌入性。同时,加强总部型经济机构的对外开放性,成为行业的开放式平台。

6.2 以跨国机构打通全球城市节点功能

跨国机构,如投资、研发、营销、采购、战略管理和运营管理等中心已成为全球总部型经济的重要代表,对提升全球城市节点功能具有显著的影响。通过打通全球城市节点功能,形成节点突破,可以加强对总部型经济全球创新资源要素的控制力和影响力。

6.2.1 跨国机构与全球城市节点功能

跨国机构是总部型经济的一种结构类型,以投资或授权形式履行跨国的投资、研发、资金管理、采购、营销、物流、支持服务等营运职能的功能性机构,跨国机构通过创新资源、创新通道和创新产业打通全球城市节点功能,有助于全球创新资源配置能力的提升。

(1)跨国机构与全球城市节点枢纽。全球城市的节点枢纽主要包括交通枢纽、科创枢纽、行业枢纽等。这些枢纽是跨国机构的交通运输、科技创新、行业要素等重要创新资源的集聚地。追求创新资源是跨国机构的主要动机,而全球城市节点枢纽也是创新资源的重要枢纽,跨国机构为了追求创新资源往往在全球城市节点枢纽集聚,并进一步强化跨国机构的节点枢纽功能。

(2)跨国机构与全球城市节点通道。节点通道依托区位优势,通过空港、海港、铁路、公路等综合性的现代化交通体系,实现通往全球的创新资源要素流通通道。节点通道是节点枢纽功能的延伸,对跨国机构来说更具战略意义。跨国机构控制了节点创新通道就等于掌握了创新资源的关键核心。

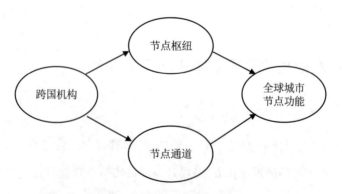

图 6.1 跨国机构与全球城市节点功能之间的关系

资料来源:作者自行整理。

6.2.2 以跨国机构打通上海全球城市节点功能

(1) 以行业领域枢纽引领上海全球城市节点枢纽。全球城市节点枢纽带有鲜明的行业特色。通常而言,节点城市是行业的规则与标准制定者,产业高端的功能较为完善,是跨国机构的集聚地。在全球城市节点枢纽建设方面,上海应以行业领域枢纽为突破口,引领交通、区域等节点枢纽建设。这不仅有利于上海制定行业规则和行业标准,更能大量集聚不同行业的跨国机构。

(2) 以高端生产性服务业跨国机构打通全球城市节点通道。近年来,在跨国公司总部的结构中,跨国机构,尤其是高端生产性服务业跨国机构增长迅速,主要涉及金融、物流和专业服务等生产性服务业领域。目前,生产性服务业跨国机构在打通全球城市节点通道方面起到很大的作用。例如,全球生产性服务业跨国机构利用现代通信技术,将全球城市节点所在城市的分支机构联通,构建全球服务中心网络,提供 24 小时不间断的全球服务。基于此,上海应重点发展高端生产性服务业跨国机构,特别是在专业服务业领域,包括法律、会计、金融、保险、管理和咨询等,以高端生产性服务业跨国机构作为打通全球城市节点通道的主力,推动全球创新资源要素的高效流动。

(3) 以跨国机构功能性平台为依托,打造上海全球城市节点平台。跨国机构通过节点枢纽和节点通道,实现全球创新资源要素的流动和配置。跨国机构功能性平台的承载,将更有利于创新资源要素的流动,起到事半功倍的效果。在沪跨国机构具有投资、研发、营销、采购、战略管理和运营管理等不同功能,上海应以跨国机构功能性平台为依托,打造相关要素的节点平台,例如商品交易平台、数据交易平台、技术交易平台等。这些功能性平台的交易能级越高,就越具有全球创新资源的配置权,越有利于上海对全球创新资源的掌控。

6.3 以跨国公司(地区)总部打造全球城市网络体系

总部型经济迁移与集聚能力的核心是满足总部型经济发展需求的能力,主要集中在战略资源、全球联通、营商环境、科技创新和生活宜居等关键创新要素方面,这些关键创新要素也是全球创新资源配置能力的要素构成,是联系全球总部型经济与全球创新资源配置能力的纽带,是总部型经济绩效的体现,更是提升全球创新资源配置能力的核心。总部型经济通过嵌入全球城市网络,实现对全球创新资源要素的追逐。目前而言,跨国公司(地区)总部在全球城市网络中居于主导地位。为此,可以通过布局跨国公司(地区)总部打造全球城市网络体系,从而达到提升全球创新资源配置能力的目的。就上海而言,目前应重点布局以下跨国公司(地区)总部。

第一,布局面向全球产业链供应链的跨国公司(地区)总部。目前,上海总部型经济的产业链供应链存在三方面突出问题:一是控制的产业链供应链以本企业所有及控股为主,与其他中小企业供应链协同性不足;二是控制的产业链供应链主要集中在国内,缺少主导跨国产业链供应链的能力;三是现有面向国际的跨国公司(地区)总部及其产业链供应链主要以制造业为主,而在服务业领域基本为空白。

总部型经济要达到提升全球创新资源配置能力的目的,必须构建起面向全球制造和服务的、能够参与国际竞争的总部及其产业链供应链。因此,上海要重点布局以下三方面：一是要强化跨国公司（地区）总部与全球产业链供应链的整体协同、跨国协同、跨所有权协同；二是提升跨国公司（地区）总部机构产业链供应链全球创新资源配置能力；三是大力支持面向全球的服务业总部发展，实现全球制造和服务"两轮驱动"。

第二，以"引外聚内"提升跨国公司（地区）总部的集聚能力。上海应采取"引外聚内"的战略，吸引更多的跨国公司（地区）将其总部设立在上海，并促进现有跨国公司的发展，以提升该地区的总部集聚能力，完善全球城市网络体系，提升全球创新资源配置能力。"引外聚内"的策略，不仅有助于提升上海作为跨国公司（地区）总部的集聚中心的能力，为城市经济发展提供强大的动力，还有助于增加就业机会、促进技术转移和经济增长，对于上海及其周边地区的发展都具有积极意义。这种策略通常包括提供各种优惠政策、改善投资环境以及提供服务支持，以吸引更多的跨国公司（地区）选择在上海设立总部或扩大其现有业务规模。具体地，在"引外"方面，上海应提供各种便利政策，如税收优惠、融资支持和市场准入等，鼓励国际企业在上海设立总部或分支机构。在"聚内"方面，上海不仅需要吸引国际公司来此设立总部，还应着力培养本地企业，促进产业链的发展，吸引更多的人才和资源，形成一个更强大的产业生态系统。

第三，以"新赛道"抢占全球城市网络体系的制高点。上海已正式公布绿色低碳、智能终端和元宇宙三个产业发展行动方案，争取到 2025 年，三个产业总规模突破 1.5 万亿元，跨国公司（地区）总部也应该抢占和布局"新赛道"。结合上海"新赛道"产业整体布局，跨国公司（地区）总部可以在氢能产业发展、数字经济培育、新型基础设施建设等方面进行积极布局，以"新赛道"抢占全球城市网络体系的制高点。例如，氢能产业已建 10 座加氢站和近 30 千米输氢管道，到 2025 年，上海各类加氢站将达 70 座，"新赛道"对跨国公司（地区）总部而言蕴藏着巨大的商机。

6.4 以生产性服务业总部企业布局全球城市—区域空间结构

上海作为一个全球城市,拥有丰富的资源和先进的制造业基地,具备吸引生产性服务业总部企业的优势。特别是在金融、物流、通信等高端生产性服务业领域,上海近年来呈现出了快速的发展态势。全球生产性服务业总部企业通常采取"总部—基地"的集聚模式,这意味着在总部周边会大量布局制造业基地,形成一个紧密相连的区域网络体系结构。这种布局模式不仅有助于提高生产效率,还能有效地整合资源,促进产业链上下游的合作与发展。鉴于当地已有高端制造业企业的雄厚实力,上海可以充分利用这一优势,积极引进生产性服务业企业总部,并在其周边布局制造业基地。这不仅能够为生产性服务业企业提供优质的制造支持,也会推动上海及周边地区的经济协同发展。通过引进全球生产性服务业企业总部并加强与制造业基地的合作,上海可以加速形成全球城市—区域空间结构。这将为上海打造一个具有国际竞争力的经济格局提供坚实的基础,同时也会为城市的可持续发展注入新的动力。

目前,上海已经形成了电子信息产品制造业、生物医药制造业、成套设备制造业、精品钢材制造业、石油化工及精细化工制造业和汽车制造业六大重点工业行业(见图 6.2)。

就空间布局而言,宝山区重点发展精品钢材制造业,嘉定区重点发展汽车制造业,松江区与金山区重点发展石油化工及精细化工制造业,浦东新区重点发展电子信息产品制造业等。上海各区重点发展的六大重点工业行业具体情况如图 6.3 所示。

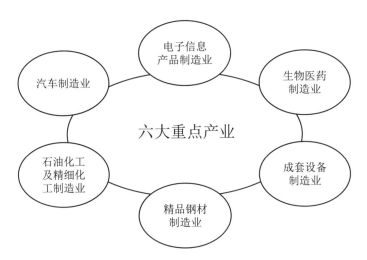

图 6.2　上海六大重点工业行业

资料来源：上海各区统计局，2016—2020 年。

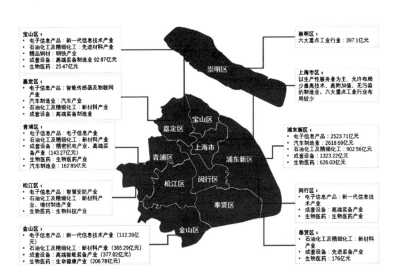

图 6.3　上海六大重点工业行业空间布局

资料来源：上海各区统计局，2016—2020 年。

围绕上海的六大重点工业行业空间布局，以金融、物流、通信等为代表的高端生产性服务业总部企业可以在这些制造业周边重点布局，加快形成全球城市—区域空间结构。上海打造生产性服务业总部可以聚焦的重点领域见表6.1。

表6.1　上海全球城市—区域空间结构的生产性服务业总部

工业重点布局区域	工业产业	生产性服务业总部
浦东新区、漕河泾	电子信息产品制造业	围绕上海六大重点工业行业所在区域，打造服务重点工业行业的生产性服务业总部基地，包括总集成总承包服务总部、研发和设计服务总部、检验检测服务总部、智能运维服务总部、供应链管理服务总部、产业电商总部、生产性金融服务总部、节能环保服务总部、职业教育培训服务总部、生产性专业服务总部等，形成全球城市—区域空间结构
张江生物医药创新引领核心区、临港新片区精准医疗先行示范区、东方美谷生命健康融合发展区、金海岸现代制药绿色承载区、北上海生物医药高端制造集聚区和南虹桥智慧医疗创新试验区	生物医药制造业	
长兴岛海洋装备产业集群、智能制造装备产业集群、航空装备产业集群以及轨道交通装备产业集群四大集群	成套设备制造业	
主要集中在宝钢集团所在的宝山区，在嘉定、奉贤、青浦、松江、浦东等区也有布局	精品钢材制造业	
主要分布在横跨奉贤区与金山区的上海化学工业区、杭州湾经济技术开发区和地处金山区的上海金山第二工业区，加上上海石油化工股份有限公司、上海高桥石化公司和上海华谊（集团）公司，形成杭州湾北岸"两区一带"的产业布局	石油化工及精细化工制造业	
主要布局在嘉定区、浦东新区北部以及奉贤区	汽车制造业	

资料来源：上海各区统计局。

6.5 上海发展总部型经济热点探讨

6.5.1 面对全球总部型经济的重新布局，上海应如何应对？

一般认为，总部型经济是伴随着经济全球化而来的，是企业基于"成本最小化、利益最大化"，依托特定城市或区域实现全球资源优化配置，促进产业集聚发展的经济模式。有研究指出，总部型经济对推动城市经济转型升级、提升城市在全球价值链体系中的地位，特别是对提升城市全球资源配置能力具有重要的战略意义。正因如此，总部型经济在诞生的短短几十年里，迅速在全球得以发展，成为跨国公司全球扩张的重要载体。

20 世纪 90 年代中期，总部型经济开始在上海出现。经过 20 多年的发展，上海逐渐成为"中国总部型经济之都"。近年来，在全球经济重塑的新格局下，总部型经济呈现出一些新的发展特征。如何适应总部型经济的"新特征"，以总部型经济提升全球资源配置能力，是当前摆在上海面前的重大课题。

1. 总部型经济的"新特征"：从数量、质量到结构的连锁反应

上海总部型经济的新特征，由数量上的急剧扩张引发。事实上，上海自 2002 年在全国率先出台鼓励跨国公司设立地区总部以来，始终保持内地跨国公司地区总部最集中城市的地位。截至 2021 年底，上海已经累计设立跨国公司地区总部 831 家。同时，上海还累计认定民营企业总部 388 家、贸易型总部 233 家。越来越多的跨国公司将在沪总部机构作为进军中国市场的"桥头堡"。

数量的扩张，带来质量的提升。在沪跨国公司全球研发网络"卓越中

心"地位日益凸显,表现在研发机构的业务活动不断由针对中国市场的适应性、专门性研发活动,转变为提供母公司在全球市场应用的创新性研发活动,其市场服务范围已从"服务中国"发展到"服务亚太"或"服务全球"。2021年,上海新增跨国公司地区总部56家,其中大中华区及以上区域总部共21家。

质量的提升又带来结构的改变。以往,跨国公司总部组织形态都是按大洲设立区域总部。现如今,越来越多的跨国公司转变为按国家设立"1+N"的模式,即按国家设立1个地区总部,进而在这个国家内设立N个中心或分支机构。与此同时,总部型经济结构由过去的跨国公司总部、跨国公司地区总部占据绝对主导转向多样化的态势。以营销总部、采购总部、研发总部和生产总部等为代表的功能性机构发展迅速。跨国公司正是通过结构多样的总部型经济发展战略更好地适应了全球经济的区域特征,提升对当地市场的反应速度,降低全球运营成本。

2."新特征"或将带来全球总部型经济的重新布局

通常认为,总部型经济迁移与集聚的动因是为了满足总部型经济发展的需求,主要集中在全球资源要素和全球城市网络联系两个层面。应当说,总部型经济的"新特征"对其迁移与集聚的动因带来颠覆性的影响。

一方面,新特征下全球资源要素的流量、流速以及节点的能级将出现量级上的跃升。随着交通、通信、能源、政策、贸易、金融等各种战略资源的全球联通,各种资源要素的可流动性不断增强,同时各种制约资源要素流动的物理性、制度性等障碍逐渐削减甚至消除,资源要素在地理空间上的"跳跃式"流动与配置成为常态。

另一方面,作为总部型经济联系的基础,全球城市网络联系出现了根本性的变化,从传统的生产网络转向新兴的创新网络。从国际实践来看,伦敦于2010年启动实施"英国科技城"的国家战略,纽约在2010年提出"把纽约打造为新一代科技中心"的目标。在此背景下,以研发中心为代表的一大批跨国功能性机构迅速发展,通过构建"创新—逆向创新—协同创新"网络来保持其国际引领、导向和控制地位。可见,全球城市网络的联系从资源、商品、资本的流量枢纽、控制节点向知识、信息和人才意义上的流量枢纽、控制节点升级,即从"全球生产网络"向"全球创新网络"升级,进而影响到总部型经济的全球布局。

3. 新形势下,上海如何建设"全球总部型经济之都"?

"发展更高能级的总部型经济",是习近平总书记在浦东开发开放 30 周年庆祝大会上对上海提出的新要求。这意味着,上海将从"中国总部型经济之都"升级到"全球总部型经济之都"。对上海而言,这无疑是一个新的挑战。

(1)"以结构多样化破局"。

上海的总部型经济主要集中在跨国公司地区总部和外资研发中心这两类形式上。相比之下,其他类型的总部型经济,包括跨国公司总部、跨国功能性机构(如投资、资金管理、采购、营销、物流、支持服务等机构)、中国本土跨国公司(央企、国企和民企)总部以及国际非政府组织总部等相对较少。

面对如此形式,上海应"双管齐下"加快破局。一方面,继续提升对外资总部机构的吸引力,包括跨国公司(地区)总部、跨国机构和国际非政府组织等;另一方面,需要加大对内资的支持力度,出台精准化、针对性的总部支持政策,吸引更多中国本土跨国公司总部入驻上海。

(2)"以绩效提升集聚更多总部型经济"。

从国际实践来看,总部型经济的全球资源配置能力将决定总部型经济的迁移与集聚。对城市而言,城市资源要素的流动成本与效率将决定总部型经济的集聚。全球联通必然促进城市资源要素流动性的增强,而这种流动性是由流动载体所承载的流动成本和效率所决定的。节点城市为总部型经济的资源要素流动提供成本与效率优势决定了它对总部型经济的集聚能力。目前,上海总部型经济的全球资源配置能力与纽约、伦敦、巴黎和东京四大全球城市相比仍有一定的差距。上海要通过提升全球资源配置能力,为全球资源要素流动提供成本与效率优势,重点在战略资源、全球联通、科技创新、营商环境等绩效指标上下功夫,通过这些绩效指标的提升集聚更多总部型经济。

(3)"以开放融入全球城市创新网络"。

目前,在沪总部型经济的本地嵌入性不足,尤其在外资研发机构方面较为明显。这主要表现在,外资研发机构和本土机构的联合攻关、协同创新尚处于较低层次,本土机构较难获得合作成果的持续收益等。这方面,上海可以为总部机构打造开放性的平台,成为全球资源要素都能参与的共享平台,增强本地嵌入性和技术溢出性,将更多在沪总部机构打造成为所在行业的开放式平台,以开放融入全球城市创新网络。事实上,如何让包括外资研发机构在内的总部机构加快融入上海科技创新生态系统,更好融入"全球城市网络联系",是未来政策的着力点。

(4)"以五大新城布局总部型经济"。

顺应新形式,上海应依托"五大新城"产业优势,多点布局总部型经济集聚区。一方面,这迎合全球总部型经济重新布局的新形式。全球经验表明,总部型经济的布局正呈现由市中心向郊区转移的趋势。特别是,建设密度低、环境优美宜居的城市郊区逐渐成为跨国公司总部型经济布局的首选。很多著名的科技公司都在远离市中心的郊区设立公司总部,如谷歌、英特尔、微软、思科等。另一方面,这也为上海正在建设的"五大新城"注入新的内涵。例如,创新型总部重点布局在松江新城和青浦新城,服务型总部重点布局在嘉定新城和奉贤新城,制造业总部重点布局在南汇新城等。这些总部型经济集聚区渗入上海各个区域,有利于形成"五大新城"与主城区的产业互动和联动态势。

6.5.2 把握提升上海总部型经济能级的五大关键要素

全球总部型经济通过迁移与集聚嵌入全球城市网络,进而在提升全球资源配置能力的同时,相应提升总部型经济能级。全球总部型经济的迁移与集聚是资本、技术、人才、信息、服务、产品等各种要素资源在全球城市网络中拓展与集聚的主要载体,对各种要素资源的追逐则是全球总部型经济迁移与集聚的主要动因。

1. 提升全球资源配置能力是总部型经济发展的根本动因

资源配置是指资金、人才、技术、信息、产品等资源要素在不同的用途、领域、组织之间,按照效率性、经济性等原则进行选择、分配和组合的过程。资源配置的方式主要有两种:一是市场配置,即依托资源要素市场平台,市场主体通过市场竞争和平等交易,对各类资源要素进行高效率、高效益的分配与组合;二是行政配置,即公司总部依托组织内部管理体系,从服务公司发展战略和布局的需要,按照高效率、高效能等原则,对各类资源要素在不同部门、不同层级、不同地域等有计划地进行分配与组合。

全球资源配置能力具有三个主要特征:一是全球城市服务能力的综合体现,不仅反映了资源要素市场平台的影响力,还反映了全球城市经济发展、市场平台容量、科技创新活力等方面的全球影响力和竞争力。二是市场价格发现功能和市场定价权、规则制定权、协调支配权,各类资源要素汇聚,且与资本市场有机结合,对在岸或离岸配置方面都发挥决定性影响。三是需要市场配置与行政配置相互促进。除了需要拥有开放发达的资源要素市场平台之外,也需要拥有高密度的跨国公司总部。

可见,全球资源配置是资源要素突破国界,依托全球资源要素网络、核心市场平台以及通行规则制度,在全球范围进行配置的过程,既包括市场化配置,也包括行政化配置。随着经济全球化兴起与发展,国际产业分工不断细化,跨国公司总部依托资源比较优势,形成对资源要素的全球化利用,全球资源网络加快构筑并不断完善,提升全球资源配置能力成为总部型经济发展的根本动因。

2. 上海总部型经济能级提升的关键要素

2021年以来,一批《财富》世界500强企业、行业领军企业的高能级总部和研发中心相继在上海落地、升级。2021年,上海新增跨国公司地区总部56家,其中大中华区及以上区域总部21家。为进一步提升上海总部型经济的能级,将上海打造成为"全球总部型经济之都",需要进一步提升上海总部型经济的全球资源配置能力。结合理论探索和全球实践,总部型经济能级提升的关键要素主要集中在战略资源、全球联通、科技创新、营商环境和生活宜居等方面,这些关键要素是联系总部型经济与全球资源配置能力的纽带,是总部型经济绩效的体现,更是提升全球资源配置能力的核心,决定着总部型经济的能级。

战略资源。战略资源既是城市吸引全球资源要素的关键,也是引发总部型经济跨区域迁移与集聚的重要动因。城市的战略资源主要包括市场吸引力和金融资源配置力。市场吸引力体现了城市及其腹地的市场规模,是跨国公司实现规模经济的基本前提;金融资源配置力体现了城市在世界金融领域的支配力和影响力,这两大因素是业界公认的影响总部型经济能级的首要关键要素。

全球联通。全球联通推动了总部型经济的区位选择与城市体系布局在全球空间上的互动耦合,处于价值链高端环节的跨国公司的总部型经济往往倾向于向联通水平高的大城市集聚。城市的全球联通能力主要包括城市的交通运输和信息通信两个层面,建设这一能力可以提高跨国公司人员流动、技术传播和信息沟通的效率,进而有效降低空间距离引发的管理和协调成本,还可以有效提高生产性服务业的可贸易性和降低跨国企业间的交易成本。

科技创新。随着全球经济由要素驱动和资本驱动向创新驱动转换,跨国公司主导的价值链全球布局正由制造业价值链向服务业创新链转化。科技创新联系正逐渐超越商品和资本,成为全球资源要素的主要联系基础,科技创新对总部型经济集聚与迁移的影响作用日益凸显。科技创新主要包括智力资本和研发能力两个方面。智力资本体现了城市高端人才的数量和质量,处于价值链高端环节的总部型经济均是知识密集型部门,高端人才是其主要生产要素和核心竞争力来源,因此,智力资本对总部型经济能级具有决定性影响;研发能力主要包括城市的科研投入和产出水平,它们决定了城市在全球科技创新链上的角色和功能,既是总部型经济全球布局追寻的主要区位要素,也是总部型经济共享创新集聚效应的重要保障。

营商环境。营商环境是影响总部型经济运营效率的城市专业服务业和政府保障力等因素的综合体现。首先,总部型经济本身往往承担着投资、研发和运营管理等总部性职能的有效运转,依赖于咨询、会计、人力资源、广告和法律等多元化专业服务的支持,因此总部型经济倾向于在具有专业服务业优势的城市选址布局。其次,制度性因素所代表的政府保障力是影响总部型经济选址布局的重要变量,企业开办便利程度、税负水平、通关便利程度和知识产权保护水平等因素均会影响总部型经济的盈利水平和运营效率。

生活宜居。总部型经济的集聚与迁移往往伴随着高端人才的汇聚与迁移,需要良好的城市生活环境提供生活保障。总部型经济的雇员对生活宜居性的敏感性高于普通居民,其需求具有明显的多元化特征,包括环境宜居、公共服务和生活成本。环境宜居是对城市生态环境和文化多样性的整体评价,反映的是对高品质生活需求的满足程度;公共服务反映的是基本生活品质保障力;生活成本是对生活品质的一个经济性约束。

　　20世纪90年代中期,总部型经济开始在上海出现,并呈现积极的发展态势。随着越来越多的跨国公司地区总部和外资研发中心移至上海,上海日益成为"中国总部型经济之都"。为提升其总部型经济能级,上海应把握总部型经济能级提升的关键要素,出台精准化、有针对性的总部支持政策,形成战略资源、全球联通、科技创新、营商环境和生活宜居"五位一体"的总部型经济支持政策体系,进一步提升上海在全球价值链体系中的地位和全球资源配置能力,把上海建设成为"全球总部型经济之都"。

第7章

结语：发展"五型经济"提升上海全球创新资源配置能力

第一，以生产性服务业发展作为上海"五型经济"发展的关键指标。"五型经济"的特征包括总部、创新、开放、流量、服务，都与全球创新资源配置能力紧密相关。事实上，"五型经济"不是指传统经济意义上的某一具体行业，而更像是一个经济发展方向。例如，总部型经济既聚焦总部，也包括开放型经济、流量型经济、服务型经济和创新型经济；流量型经济注重经济要素资源的流动、配置和增值，通过线上线下融合实现快速发展等。可见，"五型经济"彼此紧密相关、环环相扣、缺一不可；从产业业态来看，"五型经济"呈现出以生产性服务业为主的产业融合发展态势。

对比全球，"五型经济"发达的城市更多通过生产性服务业将自身与全球创新资源联系起来，而不是将 GDP 作为其发展的关键指标。为此，上海应以生产性服务业，特别是高端生产性服务业发展作为上海未来经济，特别是"五型经济"发展的关键性指标。

第二，依托"五大新城"产业优势，多点布局"五型经济"集聚区。上海聚焦"五型经济"，并不局限在某一区域，而应打造"五型经济"多个特色集聚区。以代表创新型经济的人工智能产业为例，目前上海已经形成了"4＋X"

的产业布局,即重点发展张江、马桥、滨江和临港新片区等 4 个区域,同时在其他区域打造 X 个特色载体,激发市场主体的活力;再以流量型经济为例,在线新经济产业园"长阳秀带"与"张江在线"计划在未来 3 年打造超过 150 万平方米的在线新经济产业载体,吸纳相关就业 15 万人以上,激发流量型经济的协同效应。此外,上海应依托"五大新城"产业优势,多点布局"五型经济"集聚区。例如,创新型经济重点布局在松江新城、南汇新城和青浦新城;服务型经济重点布局在嘉定新城和南汇新城;总部型经济重点布局在奉贤新城和南汇新城等。通过这些"五型经济"集聚区渗入上海各个区域,形成"五大新城"与主城区的产业互动和联动态势。

第三,高度集聚全球跨国公司总部,特别是高端专业服务业。由"五型经济"基本规律可知,跨国公司总部的进入将直接带来开放型经济、总部型经济、流量型经济的发展,间接带来服务型经济和创新型经济的发展。因此,跨国公司总部的进入将直接促进"五型经济"的整体发展。为此,上海应从营商环境和城市软实力等方面继续吸引跨国公司总部入驻,形成全球跨国公司总部高度集聚的态势。目前阶段,要重点提升与总部机构相关的中介服务、公共服务及人力资源等支撑服务能力。重点吸引专业服务业领域各细分行业全球排名前 10 的公司全球性总部、全球排名前 50 的律师事务所等在上海设立分支机构。

第四,加速"五型经济"与城市软实力互促发展。全球经验表明,"五型经济"的发展能有效促进文化建设、政府服务、城市治理、居民素质、形象传播等非物质要素,基本涵盖了城市软实力的主要内容:文化(开放型经济和服务型经济)、环境(总部型经济和流量型经济)和规则(创新型经济)。对上海而言,发展"五型经济"有助于文化(城市文化、居民素质和形象传播等)、环境(人文环境、营商环境等)、规则(体制机制、政府服务等)等城市软实力的全面提升。城市软实力的提升又赋能硬实力,推动"五型经济"能级的进一步提升。目前,上海综合实力全球排名居于第 10 名左右,主要的制约瓶颈是城市软实力。因此,上海在关注经济能力的同时,更应注重文化旅游、行政管理、居住生活、城市声誉等方面的城市软实力,不断提升城市的品牌价值。现阶段,上海应以城市软实力和"五型经济"为抓手,密集出台配套政策,加快形成城市软实力和"五型经济"互促发展的新格局。

第五,"多区联动"打造"五型经济"发展国际展示平台。通过"多区联动"打造"五型经济"发展国际展示平台,有利于上海尽快形成对外开放的新格局和新增长点,加快集聚全球创新资源。"多区联动"促进"五型经济"发展的国际展示平台集中体现在拓展"五型经济"发展的空间上,包括资源配置空间、制度创新空间、业务发展空间和地域合作空间等四个维度。

(1)浦东社会主义现代化建设引领区——创新资源配置空间。以"五型经济"为抓手,在浦东引领区内对资金、信息、人才和技术等全球创新资源要素进行配置,以全球最高经贸标准规则体系为目标,将浦东引领区打造成为上海的金融、贸易和航运中心的核心区。借助"五型经济",将引领区打造成为中国融入全球经济的功能高地,可以进一步激发全球创新资源配置能力。

(2)上海自贸试验区临港新片区——制度创新空间。临港新片区不是自贸试验区的简单扩围,而是在更高层次的对外开放。这势必要求新片区实施更宽领域和更深层次的制度创新,并进行压力测试。"五型经济"为新片区的制度创新开辟了空间。例如,服务型经济方面,可以在新片区进一步扩大服务业开放范围,包括服务贸易领域的对外开放,尝试跨境服务贸易负面清单的进一步缩减等。

(3)虹桥国际商务区——业务发展空间。通过全球城市对比可知,上海"五型经济"发展在规模、能级、竞争力和法律法规等层面还有较大差距,这与"五型经济"业务涉及领域密切相关。目前,上海"五型经济"在这方面还存在短板,为此,上海可以尝试为"五型经济"业务发展拓展空间,集聚更多全球创新资源要素。虹桥国际商务区是进博会的永久举办地,是拓展"五型经济"业务空间的理想场所,包括市场准入放宽的试点、经营范围放宽的试点、对接国际惯例的试点等,以业务空间的提升,拉动创新资源要素的流入,激活"五型经济"发展。

(4) 长三角一体化示范区——地域合作空间。"五型经济"的发展不仅需要资源配置、制度创新和业务拓展,更需要地域合作。而示范区可以为"五型经济"发展提供地域合作空间,主要包括两个层面:一是国内合作空间。未来,"五型经济"发展将集聚全球创新资源要素,这需要足够的空间对其进行消化。示范区的合作利用则是最佳的消化场所。全球创新资源要素可以先在示范区内进行试验,取得满意的效果后再推广到整个长三角或者全国层面。此外,除了区域层面的合作,还包括重点领域的合作。例如,可以在示范区试点与"一带一路"沿线国家与地区的合作,重点培育流量型经济、总部型经济和创新型经济,而这些合作领域也是示范区未来重点发展的方向。

第六,以总部型经济引领"五型经济",提升全球创新资源配置能力。立足于上海资源禀赋,有所侧重,顺势而为,通过优化总部型经济结构,提升总部型经济绩效以达到发展上海总部型经济、提升全球创新资源配置能力的目的。为此,上海加快发展总部型经济的举措可从优化总部型经济结构和提升总部型经济绩效两个层面展开。

(1) 优化总部型经济结构的举措。一是"引外"各种结构类型的总部型经济,形成多元结构高能级总部机构的集聚地。上海作为中国的经济中心和全球城市之一,一直在积极引进各种类型的总部型经济,形成多元结构高能级总部机构的集聚地。上海应"引外聚内",集聚所有高能级总部机构,这是上海发展高科技产业、建设国际化金融中心、提升全球资源配置能力的关键所在。一方面,上海可以通过制定税收减免、土地使用权优惠、人才引进政策等优惠政策来减轻企业的经营成本，提高其在上海设立总部的吸引力。另一方面，上海可以通过发展高科技产业，如人工智能、生物技术、云计算等，营造良好的高新人才和创新环境，吸引高科技企业在上海设立总部。此外，上海可以通过简化审批流程、降低行政成本、提供高效的政府服务等方式，为企业提供便捷的营才、科技和营商环境等多方面的优势，吸引各种结构类型的总部型经济，形成多元结构高能级总部机构的集聚地。

二是上海可以通过综合利用政策、人本土化总部，形成中国本土跨国公司梯队体系。顺应中国本土企业国际化需求，大力吸引中国本土跨国公司（央企、国企和民企）的总部，形成中国本土跨国公司梯队体系，构筑内生性的全球创新资源配置网络。在中国本土跨国公司 500 强总部、中国民营企业 100 强总部和中国服务企业 100 强总部等入驻上海数量有大幅提升。

（2）提升总部型经济绩效的举措。总部型经济绩效的指标主要包括战略资源、全球联通、营商环境、科技创新和生活宜居等方面，上海提升总部型经济绩效也应围绕这些方面展开。

一是锚定新兴经济体，集聚更多总部资源。近 10 年来，以新兴经济体为代表的跨国企业发展迅速，已经成为未来全球跨国公司总部型经济版图中的强劲增长极。以往，中国更多的是吸引美日欧等发达国家跨国公司总部入驻。今后，随着新兴经济体跨国总部的兴起，此部分总部将成为中国吸引和发展的重点目标。因此，上海也需要紧跟趋势潮流，锚定新兴经济体，集聚更多总部资源。

二是畅通全球信息交流通道，巩固全球联通成果。全球联通功能是吸引总部型经济的关键要素，包括全球交通联通和全球信息联通两个层面。上海可以通过举办各种国际性会议、展览、赛事等活动进一步提升全球信息交流通道。这些国际性活动的成功举办，不仅需要政府和举办方积极谋划与组织，对标国际标准，更需要创建一个良好的活动环境，这无疑会提升上海与全球的互联互通能力,在提高政府效率的同时,提升城市形象,拓展上海的全球城市网络资源。

三是打造全球一流的营商环境,降低全球创新资源配置成本。营商环境通过专业服务为总部机构提供服务,通过制度性政策为总部机构经营带来便利,通过总部聚居度带来示范效应。营商环境决定了全球创新资源配置的成本,也决定了全球总部型经济的集聚。上海在营商环境方面还存在短板,特别是在专业服务和制度性政策方面提升空间较大。通过服务业进一步放开市场准入,加快发展专业服务业。通过制度创新,不断提升城市保障力和公共服务水平,实现与全球最高标准接轨的一流营商环境。

四是以"智力资本"和"研发投入"双轮驱动,给科技创新提供持久动力。实践表明,科技创新需要"智力资本"和"研发投入"的双轮驱动,目前上海在这两方面与全球城市相比还存在较大差距。鉴于此,一方面,上海应加大在教育领域的投入,提升市民的"智力资本";另一方面,上海仍需持续加大对研发的投入。

五是以全球一流的生活宜居品质,吸引总部型经济人才。全球创新资源配置的主体是以总部型经济为代表的"五型经济"。总部型经济集聚的实质是总部型经济人才的集聚。全球总部型经济发达的城市经验表明,宜居的生活环境已经超越经济环境,是总部型经济人才首要考虑的因素。为此,上海应以全球一流的生活宜居品质为标准,吸引总部型经济人才。

参考文献

[1] 陈信康:《上海城市网络资源拓展及功能性机构集聚趋势》,《科学发展》2015 年第 12 期。

[2] 高菲、王峥、龚轶:《创新型经济的内涵、架构与中国情境》,《云南财经大学学报》2019 年第 12 期。

[3] 韩伯棠、艾凤义、张平淡:《流量经济的若干问题研究》,《经济纵横》2003 年第 7 期。

[4] 洪银兴:《科技创新与创新型经济》,《管理世界》2011 年第 7 期。

[5] 江若尘、余典范、翟青等:《中国(上海)自由贸易试验区对上海总部经济发展的影响研究》,《外国经济与管理》2014 年第 36 卷第 4 期。

[6] 姜玲、王媛媛、方忠:《中国绿色开放型经济发展的区域异质性研究》,《亚太经济》2021 年第 3 期。

[7] 李玉梅、刘雪娇、杨立卓:《外商投资企业撤资动因与影响机理——基于东部沿海 10 个城市问卷调查的实证分析》,《管理世界》2016 年第 4 期。

[8] 刘洪愧、刘霞辉:《构建开放型经济新空间布局:理论基础、历史实践与可行路径》,《改革》2019 年第 1 期。

[9] 吕康娟:《上海全球城市网络节点枢纽功能、主要战略通道和平台经济体系建设》,《科学发展》2016 年第 4 期。

[10] 裴长洪:《中国特色开放型经济理论研究纲要》,《经济研究》2016

年第 4 期。

[11] 邱素琴:《上海怎样对标四大世界城市》,《解放日报》2018 年 12 月 4 日。

[12] 权衡:《在建设服务型政府和发展服务型经济中迈向全球城市》,《上海城市管理》2017 年第 3 期。

[13] 上海市政协:《坚持面向世界面向未来,重构业态激活增长动能》,《联合时报》2021 年 6 月 11 日。

[14] 沈桂龙、张晓娣:《上海流量经济发展:必然趋势、现实状况与对策思路》,《上海经济研究》2016 年第 8 期。

[15] 石良平、王素云、王晶晶:《从存量到流量的经济学分析:流量经济理论框架的构建》,《学术月刊》2019 年第 1 期。

[16] 史忠良、沈红兵:《中国总部经济的形成及其发展研究》,《中国工业经济》2005 年第 5 期。

[17] 孙敬水、林晓炜:《开放型经济的评价体系研究进展》,《国际经贸探索》2016 年第 32 卷第 2 期。

[18] 王丹、彭颖、柴慧等:《上海增强全球资源配置功能的思路与对策》,《科学发展》2020 年第 11 期。

[19] 王凤彬、杨阳:《跨国企业对外直接投资行为的分化与整合——基于上市公司市场价值的实证研究》,《管理世界》2013 年第 3 期。

[20] 王红茹:《京、沪总部型经济大比拼:北京总部资源最多上海跨国公司实力最强》,《中国外资》2021 年第 3 期。

[21] 王玺:《世界城市开放经济发展水平与特征》,北京市社会科学界联合会.转变经济发展方式奠定世界城市基础——2010 城市国际化论坛论文集,2010 年 6 月。

[22] 吴晓波、李思涵、徐宁、杜健:《数字经济背景下浙江省创新型经济

发展评价及赋能对策研究——基于 2014—2017 年六省市的对比分析》,《科技管理研究》2020 年第 13 期。

[23] 轩会永、苏红键:《中国高水平建设全球城市的痛点与对策》,《区域经济评论》2019 年第 6 期。

[24] 薛红霞、刘菊鲜、罗伟玲:《广州市城乡发展协调度研究》,《中国土地科学》2010 年第 24 卷第 8 期。

[25] 于涛、孙怡:《海南自由贸易港建设下的总部型经济发展策略》,《南海学刊》2020 年第 12 期。

[26] 余佩、孙永平:《集聚效应对跨国公司在华区位选择的影响经济研究》,2011 年第 1 期。

[27] 张娟、廖璇:《在"五型经济"中起头部作用,打造更高能级的总部型经济应该怎么做?》,《上观新闻》2021 年 8 月 12 日。

[28] 张仁开:《跨国公司在沪创新功能性平台发展思路研究》,《科学发展》2017 年第 6 期。

[29] 赵弘:《中国总部型经济发展报告》,北京:社会科学文献出版社 2015 年版。

[30] 周振华、韩汉君:《流量经济及其理论体系》,《上海经济研究》2002 年第 1 期。

[31] 庄德林、罗碧静、陈信康:《"一带一路"节点功能性机构集聚能力评价》,《技术经济》2018 年第 3 期。

[32] 庄德林、杨羊、陈信康:《长江经济带城市网络空间结构的特征——基于上市公司组织关系视角的分析》,《城市问题》2016 年第 5 期。

[33] Davis, J. C., and J. V. Henderson., 2008, The agglomeration of headquarters. Regional Science & Urban Economics, 38(5):445—460.

[34] Florida, R., and M. Kenney, 1988, Venture capital-financed in-

novation and technological change in the USA. Regional Studies, 22(2), 119—130.

[35] Laamanen, T., and S. Torstila., 2012, Cross-border relocations of headquarters in Europe. Journal of International Business Studies, 43(2):187—210.

[36] Murray, D. R., 2010, The urban geography of subsidiary head-quarters in North America: explorations by sector and foreign linkage. Urban Geography, 31(5):595—622.

[37] Pan, F., and Y. Xia., 2014, Location and agglomeration of head-quarters of publicly listed firms within China's urban system. Geographical Research, 35(5):753—779.

[38] Seck, A., 2012, The determinants of technology adoption in Senegal: A farm-level analysis. African Journal of Agricultural and Resource Economics, 7(2), 185—198.

[39] Strauss-Kahn, V., and X. Vives, 2009, Why and where do head-quarters move? Regional Science & Urban Economics, 39(2):168—186.

[40] Todaro, M. P., 1969, A Model of Labor Migration and Urban Unemployment in Less Developed Countries. The American Economic Review, 59(1), 138—148.

[41] Tonts, M., M. Taylor., 2013, The shifting geography of corporate headquarters in Australia. Regional Studies, 47(9):1507—1522.

图书在版编目(CIP)数据

发展"五型经济"提升上海全球创新资源配置能力研
究 : 以总部型经济为例 / 何骏著. — 上海 : 格致出版
社 : 上海人民出版社，2023.12
（自贸区研究系列）
ISBN 978 - 7 - 5432 - 3524 - 3

Ⅰ. ①发… Ⅱ. ①何… Ⅲ. ①区域经济发展-研究-
上海 Ⅳ. ①F127.51

中国国家版本馆 CIP 数据核字(2023)第 225868 号

责任编辑 王浩淼
封面设计 路　静

自贸区研究系列
发展"五型经济"提升上海全球创新资源配置能力研究
——以总部型经济为例

何　骏　著

出　　版　格致出版社
　　　　　上海人民出版社
　　　　　（201101　上海市闵行区号景路 159 弄 C 座）
发　　行　上海人民出版社发行中心
印　　刷　上海颛辉印刷厂有限公司
开　　本　720×1000　1/16
印　　张　9.25
插　　页　2
字　　数　120,000
版　　次　2023 年 12 月第 1 版
印　　次　2023 年 12 月第 1 次印刷
ISBN 978 - 7 - 5432 - 3524 - 3/F · 1551
定　　价　52.00 元